Jeroen Kuiper

111 Orte in Warschau, die man gesehen haben muss

111

emons:

Bibliographische Informationen der Deutschen Nationalbibliothek
Die Deutsche Nationalbibliothek verzeichnet diese Publikation in der Deutschen Nationalbibliografie; detaillierte bibliografische Daten sind im Internet über http://dnb.d-nb.e abrufbar.

MIX
Papier aus verantwortungsvollen Quellen
FSC® C043106

Gestaltung: Eva Kraskes, nach einem
Konzept von Lübbeke | Naumann | Thoben
Kartografie: altancicek.design, www.altancicek.de
Kartenbasisinformationen aus Openstreetmap,

Druck und Bindung: Grafisches Centrum Cuno, Calbe
Printed in Germany 2022
ISBN 978-3-7408-0978-2

Vorwort

Warschau, ist es da nicht grau, langweilig und hässlich? Tja, Vorurteile gibt es leider noch immer gegenüber der polnischen Hauptstadt. Und, zugegeben, sogar die Einwohner selbst waren lange Zeit nicht allzu stolz auf ihre Stadt. Aber in den letzten Jahren hat sich gewaltig viel geändert, und ich traue mich zu sagen, dass Warschau momentan eine der aufregendsten Hauptstädte ganz Europas ist.

Wussten Sie, dass Warschau schon jetzt die »höchste« Hauptstadt der EU ist? Nirgendwo wird so viel und so hoch gebaut! Überall schießen spektakuläre Wolkenkratzer aus dem Boden. Die polnische Wirtschaft wächst schon seit Jahren rasant, und Warschau ist eine unglaubliche Boomtown. Alle wollen nach Warschau! Deswegen ist die Hauptstadt voller Leben.

Radwege werden gebaut, spannende Museen eröffnet, es gibt viel Street-Art, ganze Stadtviertel ändern ihr Erscheinungsbild innerhalb von einigen Jahren. Es gibt hippe Clubs, coole Clubs, neue Clubs, alternative Clubs. In Warschau können Sie vietnamesisch, koreanisch, surinamisch, georgisch, vegetarisch, vegan, ja, sogar super polnisch essen! Gefühlt alle jungen Hauptstädter haben schon mal eine Weile im Ausland gelebt und reden oft besser Englisch als die Deutschen.

Kaum eine Stadt in Europa hatte eine so dramatische Geschichte wie Warschau. Die Stadt war Teil einer litauisch-polnischen Union, Teil des zaristischen Russlands, wurde von den Deutschen komplett vernichtet, dann von den Kommunisten beherrscht und ist jetzt eines der kapitalistischen Zentren Europas. Hier gibt es Hunderte bekannte, aber vor allem auch Hunderte unbekannte Orte zu entdecken. Eine Auswahl von ihnen finden Sie in diesem Buch!

Warschau ist relativ preisgünstig und sehr gut mit Bus, Bahn, Flugzeug oder Pkw zu erreichen. Die Stadt eignet sich deswegen wirklich perfekt für einen Städtetrip, das ganze Jahr durch. Worauf warten Sie also noch? Nichts wie hin!

111 Orte

OWISLE
POLA

1 Das alternative Lokal

Kleine Konzerte von kleinen Bands

Es gibt sie noch, die sogenannte alternative Szene. Auch wenn sie in Warschau wie überall in Europa Gegenwind bekommt. Denn Kneipen und andere Lokale, die nicht auf Gewinnmaximierung aus sind, können sich die Mieten in den Innenstädten längst nicht mehr leisten. Und wo gibt es dort noch Häuser, die man zu alternativen Zentren umgestalten könnte?

Doch im nördlichen Teil von Praga, am Ostufer der Weichsel, findet man in einem ziemlich kaputten Innenhof das »Chmury«, eine Kneipe inklusive kleinem Konzertsaal. Die Mauern sind mit Graffiti geschmückt. Im Hof hängen hier und da alte Schuhe an Schnürsenkeln. Wer sich auskennt, weiß dies als Zeichen dafür zu deuten, dass man hier Gras kaufen kann. Im Sommer findet zudem des Öfteren ein Flohmarkt statt.

Tagsüber ist nicht allzu viel los im »Chmury«. Abends ändert sich das. An dem Abend, als ich hier bin, gibt es für 20 Złoty Eintritt ein Konzert. Tickets bekommt man beim Typen hinter dem Tresen, der ewig braucht, um ein Bier zu zapfen, aber hey, weshalb auch die Eile, hier geht es definitiv relaxed zu. Ich schaue mich um und sehe Jungs und Mädels mit Dreadlocks, Nasenpiercings und Holzfällerhemden, die in Wohnzimmeratmosphäre zusammenhocken.

Irgendwann fängt dann hinter dem Vorhang neben der Bar tatsächlich das Konzert an. Im kleinen dunklen Saal ist heute Bukowicz zu Gast, eine Band, die aus drei Jungs mit Gitarren und einem bezaubernden Mädel am Synthesizer besteht. Sie sehen wie schlaksige Studenten aus Kattowitz aus, und ihre Musik klingt wie eine Mischung aus Joy Division und Nick Cave. Muss man mögen. Ich mag's sehr und die etwa 14 anderen bezahlenden Gäste auch. Nach dem Konzert ist es kein Problem, mit dem Sänger ins Gespräch zu kommen. Ich kaufe ihm eine CD ab, ich scheine der Einzige zu sein. Und das ist auch gut so, denn damit bleibt das Konzert für mich, was es gleich von Anfang an war: einzigartig.

Adresse Chmury, Ulica 11 Listopada 22, 03-436 Warschau | **ÖPNV** Bus 169, Haltestelle Strzelecka, von dort zwei Minuten zu Fuß | **Öffnungszeiten** täglich 16–23 Uhr, am Wochenende bis 2.30 Uhr | **Tipp** Als Kontrastprogramm kann man einen Spaziergang zur Weichsel machen. Der Fluss ist nicht weit entfernt, und am Ufer ist es herrlich grün.

2 Das Armee-Museum

Abheben mitten in der Stadt

Huch, sind das wirklich Flugzeuge, hier mitten in der Stadt? Ja, tatsächlich: Nur ein paar hundert Meter von der Warschauer Altstadt entfernt warten Dutzende von Kampfflugzeugen sowie Panzer und Raketenwerfer auf dem Gelände des Museums der polnischen Armee auf Besucher. Und das Beste daran: Der Besuch des Außenbereichs ist gratis!

Wer will, kann also einfach am Schlagbaum vorbei die riesige Anlage des Museums betreten. Und schon befindet man sich mitten auf einem Feld, wo zum Beispiel eine in Tarnfarben gestrichene russische MIG-29 ausgestellt ist. Nicht weit entfernt steht ein ehemaliges rot-weißes Regierungsflugzeug, das in den 1980er Jahren von den kommunistischen Parteigrößen genutzt wurde. Leider kann man die Flugzeuge nicht von innen besichtigen.

Weiter hinten auf dem Gelände stehen Panzerfahrzeuge, Militärhubschrauber, Kanonen und Transportflugzeuge, die man nicht nur bestaunen, sondern auch fotografieren darf. Ein eigenartiges sogenanntes Halbkettenfahrzeug, das mit einer Kombination aus Reifen und Raupen bewegt wird, fasziniert eine Gruppe Männer. »Da konnte der Konstrukteur sich wohl nicht entscheiden, was es werden sollte«, meint einer von ihnen. »Ist das jetzt ein Raupenfahrzeug oder doch eine Art Lastwagen?«

Auch ein Besuch des 1920 gegründeten Museums lohnt sich. In den Ausstellungsräumen gibt es vieles aus der tausendjährigen Geschichte der polnischen Armee zu sehen, wie zum Beispiel Schwerter, Rüstungen und Helme aus der für die Polen bedeutenden Schlacht bei Grunwald im Jahr 1410. Auch die dreifache Teilung Polens wird thematisiert, ebenso wie die Aufstände der Polen gegen die russische Herrschaft im 19. Jahrhundert.

Noch befindet sich das Museum im Zentrum, aber in den nächsten Jahren wird es in die Zitadelle im Norden der Stadt umziehen. Bis dahin aber bleibt das skurrile Fotomotiv von Kampfjets in der Innenstadt erhalten.

Adresse Aleje Jerozolimskie 3, 00-495 Warschau, www.muzeumwp.pl | ÖPNV Bus 111, 117, 158, Haltestelle Muzeum Narodowe | Öffnungszeiten Mi–So 10–17 Uhr, im Winter bis 16 Uhr, Mo und Di geschlossen | Tipp Zur Linken des Museums führt eine überdachte Treppe die Poniatowski-Brücke hinunter. Von dort aus gelangt man zu einem idyllischen Park, in dem man bestimmt nicht auf Panzer oder Flugzeuge stößt.

3 Die Aula der Universität

Mit spektakulärem Bleiglasdach

So etwas sieht man nicht oft: Die Aula der Technischen Universität in Warschau ist wirklich spektakulär. Man steigt einfach die Treppen des zentral gelegenen Hauptgebäudes hinauf, und schon befindet man sich in dem riesigen, lichtdurchfluteten Raum.

Hoch über den Kopf des Besuchers schwebt ein gigantisches Dach aus farbigem Glas. In der Mitte erkennt man eine Art Stern, es könnte auch eine Sonne sein. Letztendlich ist es eine Phantasiedarstellung, von dem Architekten Stefan Szyller entworfen, der 1881 sein Architekturstudium in St. Petersburg vollendete. Das spektakuläre Auditorium der Technischen Universität wurde ab Sommer 1899 innerhalb von zwei Jahren gebaut. Vorher war Szyller mehrere Wochen durch Europa gereist, um sich in Städten wie Berlin, Wien, Paris und Zürich für seinen Prachtbau inspirieren zu lassen. Die Aula ist übrigens nicht das einzige Werk von Szyller in Warschau. Er entwarf auch die Kunstgalerie »Zachęta«, die Aula der Universitätsbibliothek und die Poniatowski-Brücke über die Weichsel.

Einmal im Gebäude, gelangt man über das Treppenhaus mit den abgenutzten Marmorstufen hinauf ins vierte Geschoss, von wo aus man einen wunderbaren Blick auf die fünfeckige Aula hat. Hier oben können sich die Studenten in ruhige Nischen zurückziehen und ihre Bücher studieren. Ende des 19. Jahrhunderts wurde hier übrigens noch auf Russisch unterrichtet, denn zu dieser Zeit war Polen von der europäischen Landkarte verschwunden.

Unten in der Aula finden regelmäßig Veranstaltungen statt. In der Vergangenheit war sie auch Ort wichtiger politischer Ereignisse, wie zum Beispiel im Jahr 1948, als sich hier verschiedene Parteien auf Druck der Sowjets zur polnischen Arbeiterpartei vereinten, kurz nach der Gründung der Volksrepublik Polen.

Heutzutage sind die Studienplätze sehr begehrt, denn die Universität gilt als die beste polytechnische Hochschule Polens.

Adresse Plac Politechniki 1, 00-661 Warschau, www.gik.pw.edu.pl | ÖPNV Metro M1, Straßenbahn 10, 14, 15, Haltestelle Politechnika | Öffnungszeiten Mo–Fr 7–21 Uhr, Sa 8–18 Uhr | Tipp In der Nähe, an der Ulica Koszykowa 75, befindet sich die Fakultät der Naturwissenschaften der Technischen Universität, die ebenfalls eine sehr schöne Aula besitzt.

4 Die Bahnhof-Bar

Vom Fahrkartenschalter zum Hotspot für Hipster

Ist es ein Bahnhof? Oder ist es vielleicht ein gerade gelandetes Ufo? Nein, es ist eine Bar! Obwohl sehr zentral gelegen, kann man die hippe Bar »Warszawa Powiśle« leicht übersehen. Sie befindet sich unterhalb der Bahnsteige des gleichnamigen Bahnhofs in einer ehemaligen Fahrkartenverkaufsstelle. »Warszawa Powiśle« ist der perfekte Ort, vor allem im Sommer, um abends ein Bier oder Wodka zu trinken oder tagsüber auf einer der einfachen Sitzbänke davor abzuhängen, einen Kaffee zu bestellen, sich die Passanten anzuschauen, den Kater von der vergangenen Nacht auszusitzen und einfach nichts zu tun. Unterhalb der Poniatowski-Brücke, über die Tag und Nacht der Verkehr rast, ist es erstaunlich grün und ruhig, fast schon dörflich. Hier treffen sich sowohl die Bewohner des Viertels als auch die Nachtschwärmer aus der ganzen Stadt.

Manchmal finden im »Powiśle« sogar Theateraufführungen und kleine Kunstausstellungen statt. Wenige Meter von der Bar entfernt haben coole Kids auf einem ehemaligen Parkplatzgelände eine Skaterbahn angelegt. Macht durchaus Spaß, ihnen ein Weilchen zuzuschauen.

Vor allem an Sommerabenden sind das »Powiśle« und seine Terrasse proppenvoll. Blickt man von der Poniatowski-Brücke hinunter, sieht das Kneipenvolk in der Tiefe festlich, fast märchenhaft aus, während die Fünfziger-Jahre-Neonbuchstaben auf dem runden Dach der Bar leuchten.

Das Angebot beschränkt sich nicht auf Getränke, auch Speisen werden serviert: Den ganzen Tag über gibt es Frühstück, *Pierogi*, *Nalesniki* (Eierkuchen) und andere polnische Gerichte. Das Personal im »Warszawa Powiśle« ist so, wie die Gäste sind: jung und selbstbewusst. Was kann man sonst noch sagen? Eigentlich nicht mehr viel. Die einen mögen diesen Ort, nicht zuletzt wegen der coolen Atmosphäre, andere meinen, die Bar sei überbewertet. Am besten bildet man sich selbst eine Meinung!

Adresse Warszawa Powiśle, Leona Kruczkowskiego 3B, 00-380 Warschau, www.warszawapowisle.pl | **ÖPNV** Bahnhof Powiśle, von dort zwei Minuten zu Fuß | **Öffnungszeiten** täglich 9–23 Uhr, im Winter manchmal früher geschlossen | **Tipp** Spaziert man ein paar hundert Meter weiter durch den angrenzenden Park, gelangt man zu dem stilvollen Treppenhaus der Poniatowski-Brücke.

5 Der Baum mit Schildern

Von hier nach Sibirien, von hier in den Tod

Draußen scheint die Sonne, es ist Frühling in Warschau. In den Parks zwitschern die Vögel, die Blätter an den Bäumen sind grün. Nur in der Pawia-Straße steht ein einzelner Baum, der nicht grün ist, er hat keine Blätter. Der Baum lebt nicht, er ist aus Bronze. An seinem Stamm hängen Metallschilder mit Namen. Es sind Namen von Menschen, die hier inhaftiert waren, nach Sibirien deportiert oder ermordet wurden.

Genau an dieser Stelle stand bis 2005 ein echter Baum. Es war eine Ulme, und es war der einzige Baum, der die Sprengung des ehemaligen Pawiak-Gefängnisses, das hier bis 1944 stand, überlebt hatte.

Mehr als hundert Jahre galt es als eines der berüchtigtsten Gefängnisse Polens. Es wurde 1830 von den Russen erbaut, die damals in Warschau das Sagen hatten. Nach dem ersten großen Aufstand der Polen gegen die zaristische Herrschaft 1831 waren zahlreiche Polen hier in Haft. Viele von ihnen wurden später nach Sibirien deportiert und kehrten niemals zurück.

Nach dem Ersten Weltkrieg, als Polen seine Unabhängigkeit zurückbekommen hatte, waren hier politische Gegner inhaftiert. Ab 1939 nutzten die Deutschen das Gefängnis. Ein Großteil der polnischen Intelligenz wurde hier eingesperrt. Etwa 100.000 Polen waren hier inhaftiert, von denen etwa 37.000 erschossen oder gehängt wurden. Weitere 60.000 Personen wurden deportiert.

Im Juli 1944 kam es zu einem Aufstand im Gefängnis, der niedergeschlagen wurde. Daraufhin erschossen die Deutschen im August alle verbliebenen Inhaftierten und sprengten das Gefängnis anschließend in die Luft. Übrig blieb nicht mehr als ein Teil des Gefängnistores und die Ulme. Nachdem sie von der Ulmenkrankheit befallen wurde, entschied man, eine Kopie in Bronze von dem Baum zu machen. Das Original des Baumes befindet sich jetzt im Museum, das an der Stelle errichtet wurde, wo früher das Gefängnis stand.

Adresse Ulica Dzielna 24/26, 01-008 Warschau, www.muzeum-niepodleglosci.pl | **ÖPNV** Straßenbahn 17, 33, 41, Haltestelle Anielewicz | **Öffnungszeiten** Museum: Mi–So 10–17 Uhr, Mo, Di geschlossen | **Tipp** An der Aleja Jana Pawla II erinnert ein Gedenkstein an das ehemalige Frauengefängnis »Serbia«, in dem Rosa Luxemburg inhaftiert war.

6 Das Bowie-Graffito

Als der Großmeister in Warschau Inspiration fand

Es war ein grauer Tag, damals im April 1976, als ein Mann namens David Bowie im Warschauer Bahnhof Gdańska aus dem Zug stieg und beschloss, einen Spaziergang zu machen. Er war zusammen mit Iggy Pop unterwegs nach Moskau. Damals wohnten die beiden in Berlin. Bowie nahm öfter den Zug für lange Reisen, denn fliegen mochte er nicht. Er soll sogar mit der Transsibirischen Eisenbahn nach Wladiwostok und von dort mit dem Schiff nach Japan gereist sein.

An diesem Apriltag wurde die Lokomotive in Warschau gewechselt. Bowie hatte eine Stunde Zeit, und er ging los, seiner Nase folgend, keine Ahnung, wohin. Sein Spaziergang führte ihn zum Plac Wilsona, damals noch Platz der Pariser Kommune. Bowie ging in einen Plattenladen, hörte Musik und kaufte das obskure Album, das in dem Moment aus den Boxen klang.

Es war Musik von dem polnischen Staatschor Śląsk. Der Chor stammte aus einem abgelegenen Gebirge an der Grenze zur Tschechoslowakei. Beim Hören der Volksmusik von Śląsk kann es durchaus passieren, dass man halluziniert und nordkoreanische Berglandschaften in den 1960er Jahren vor sich sieht.

Die Platte »Helokanie«, die Bowie damals spontan erwarb, inspirierte ihn zu dem Song »Warszawa« auf seinem Album »Low«. Das überwiegend instrumentale Lied hat auch ein paar Verse, allerdings in einer Phantasiesprache. Niemand weiß, was Bowies Worte bedeuten. Als Ergebnis seines einstündigen Besuchs in Warschau schuf der Meister eines der beeindruckendsten Stücke in seinem Repertoire, ein düsteres, trostloses Lied, das den Ostblock der 1970er Jahre symbolisiert.

Zum Gedenken an seinen Spaziergang und den berühmten Song über die polnische Hauptstadt wurde kurz nach Bowies Tod im Januar 2016 ein Wettbewerb für Graffiti-Künstler ausgeschrieben. Aus 20 Einsendungen wählte man das Motiv von Dawid Celek aus, das Bowie als Kunstfigur Ziggy Stardust vor dem Warschauer Kulturpalast zeigt. Eine würdige Erinnerung an den Großmeister.

Adresse Ulica Marii Kazimiery 1, 01-628 Warschau | ÖPNV Straßenbahn 15, Haltestelle Marymont-Potok | Tipp Ganz in der Nähe des Graffitos, in der Ulica Adama Mieckiewicza 51, steht das Wohnhaus von Polens bekanntestem Politiker: PiS-Chef Jaroslaw Kaczyński.

7 Die Boxlegende Feliks Stamm

Der Vater des polnischen Boxsports

Kräftig sieht er aus, groß und stark, und das war er auch, Feliks Stamm, auch oft einfach »Papa« genannt. Die polnische Boxlegende hat ihren endgültigen Platz gefunden, in einem Park neben der Hala Mirowska, einer großen Markthalle im Zentrum der Stadt. Nicht weit von hier befindet sich ebenfalls die Hala Gwardii, in der früher viele Boxturniere ausgetragen wurden. 1953 gewann die polnische Mannschaft an diesem Ort während der Europameisterschaft sogar fünf Goldmedaillen.

Bis zum heutigen Tag hat ein Boxverein seinen Sitz in der Hala Gwardii. Außerdem gibt es dort ein kleines Museum zu Ehren von Feliks Stamm. Auch heute noch steht auf einer Seite der Halle, die vor allem Restaurants mit Streetfood aus der ganzen Welt beherbergt, eine Boxarena bereit. An den Wänden, hoch über den Köpfen der Besucher, hängen riesige Bilder von berühmten polnischen Boxern.

Der bekannteste von ihnen war zweifelsohne Feliks Stamm, 1901 in der Nähe von Posen geboren, 1976 in Warschau gestorben. Berühmt wurde er vor allem als Trainer. In dieser Funktion nahm er von 1936 bis 1968 siebenmal mit der polnischen Nationalmannschaft an den Olympischen Spielen teil. Außerdem begleitete er die Mannschaft 14-mal zu Europameisterschaften.

Seit Stamms Tod wird ihm zu Ehren jedes Jahr ein internationales Boxturnier in der polnischen Hauptstadt ausgetragen. Vor Kurzem wurde außerdem Stamms Leben verfilmt.

In den vergangenen Jahren setzten sich Angehörige seiner Familie für ein Denkmal des Boxhelden ein. 2019 war es dann so weit: Stamms Enkelin Paula konnte im Beisein des Warschauer Bürgermeisters das Denkmal für ihren Großvater einweihen. Jetzt steht er da, übergroß, gut 2,40 Meter hoch, ein Mann mit entschlossenem Blick, zwei riesige Boxhandschuhe um den Nacken gehängt. Ja, Feliks Stamm hat seinen Platz gefunden. Er verteidigt jetzt bis in alle Ewigkeit die Boxhalle.

Adresse Plac Mirowski, 00-137 Warschau | ÖPNV Straßenbahn 17, 33, 40, 41, Haltestelle Hala Mirowska | Tipp Auf der anderen Straßenseite befindet sich der Skwer Sybiraków, frei übersetzt der »Platz der Sibirien-Veteranen«, mit einem kleinen Denkmal für Polen, die nach Sibirien deportiert wurden.

8 Der brutalistische Wohnblock

Modernismus für die Beamten

Das erwartet hier, direkt am Rande der Altstadt, keiner: einen spektakulären Wohnkomplex im Stil des osteuropäischen Brutalismus. Wer nicht von ihm weiß, findet ihn auch nicht, denn um zu dem futuristisch anmutenden Gebäude unter der Adresse Kozia 9 zu gelangen, muss man, so wie es in Warschau öfter der Fall ist, durch ein unauffälliges Tor in der Ulica Jana Moliera gehen.

Der Wohnblock wurde in den 1970er Jahren von Jerzy Kuzmienko und Piotr Sembrat entworfen und gilt als klassisches Beispiel der Architektur aus der Zeit der polnischen Volksrepublik. Man errichtete den Komplex mit 23 Wohneinheiten bewusst in einem von der Straße nicht einsehbaren Hinterhof, damit die Bewohner auch mitten in der Stadt ihre Ruhe und Privatsphäre haben. Sowieso waren die etwa 100 Quadratmeter großen Wohnungen nicht für Otto Normalverbraucher, oder auf Polnisch Jan Kowalski, geplant, sondern für höhere Beamte der verschiedenen Ministerien, die hier in der Gegend angesiedelt waren. Mittlerweile bezahlen Käufer mehr als eine Million Złoty, immerhin etwa 250.000 Euro, für eine Wohnung.

Alle Wohnungen haben eine eigene große Terrasse, die nach Süden ausgerichtet und versetzt voneinander gebaut sind. Je nachdem, wo man im Innenhof steht, bietet sich ein anderer Blick auf den Bau, der vom Fortschrittsgedanken der Moderne zeugt und an Werke des Schweizer Architekten Le Corbusier aus den 1950er Jahren erinnert.

Der Wohnkomplex ist auch nach fünfzig Jahren noch gut erhalten, und der begrünte Innenhof bildet einen angenehmen Kontrast zu dem vielen Beton, der beim Bau verwendet wurde.

Auf der anderen Straßenseite befindet sich die Nationale Oper, die beliebte Altstadt ist ein paar Minuten zu Fuß entfernt, und trotzdem herrscht hier eine fast absolute Ruhe: siehe da, ein perfekter Wohnort mitten in der Stadt.

Adresse Ulica Kozia 9, 00-070 Warschau | **ÖPNV** Bus 175, Haltestelle Plac Piłsudskiego | **Öffnungszeiten** der Wohnkomplex ist jederzeit von außen zu besichtigen | **Tipp** Direkt gegenüber steht der von dem britischen Stararchitekten Sir Norman Foster entworfene »Metropolitan«-Bürokomplex.

9 Die bunte Konzerthalle

Für kleine und große Rockstars

Sieht komisch aus – das ist wahrscheinlich der erste Gedanke, der bei Besuchern aufkommt, wenn sie zum ersten Mal vor der Konzerthalle stehen. Seltsam bunt ist das große Gebäude mit dem Flachdach, hellblau angestrichen, dazu viele andere Farben. Und dann hängen dort auch noch zahllose Plakate mit Namen von Stars aus der polnischen und internationalen Musikwelt. Denn ja, hier, mitten in einem ansonsten eher langweiligen Wohnviertel, befindet sich eine von Warschaus interessantesten Konzerthallen – die Stodola, übersetzt: die Scheune.

Die Geschichte des Gebäudes reicht zurück bis in die 1950er Jahre, also in jene Zeit, als Warschau nach dem Krieg wiederaufgebaut wurde. Die Tausenden von Arbeitern, die damals den Kulturpalast im Zentrum der Stadt bauten, aßen zu Mittag in einer Kantine, wo nach einer Weile auch Tanz- und Kulturveranstaltungen organisiert wurden. Aus der Kantine wurde schließlich ein Club, der in den 1950er und 1960er Jahren mehrmals umzog, bis er sich 1972 an der heutigen Stelle niederließ – der Batorego-Straße. Heutzutage ist die Stodola offiziell der Club der hiesigen Technischen Universität.

In früheren Jahren war der Ort vor allem wegen seiner Kabarett- und Theatervorstellungen bekannt. Außerdem gab es hier eine Weile einen Filmclub. In den 1960er Jahren kam der Jazz in der Volksrepublik auf. Sechs polnische Jazzbands betrachteten damals die Stodola als ihre Heimbasis. Ende der 1960er Jahre fanden hier deswegen jährlich internationale Jazzfestivals statt.

Erst ab Ende der 1970er Jahre wurde der Club immer mehr zu dem, was er heute ist: ein Ort für Rockkonzerte. Hier traten seitdem alle Größen der polnischen Rockszene auf. Auch viele bekannte ausländische Bands spielten schon hier – von Alice in Chains bis zu Franz Ferdinand. Wer also mal richtig abrocken will, weiß jetzt, wohin er gehen muss.

Adresse Ulica Batorego 10, 02-591 Warschau, www.stodola.pl | **ÖPNV** Straßenbahn 1, 7, 9, 17, 25, 33, 40, Haltestelle Biblioteka Narodowa | **Öffnungszeiten** abends zu den Konzerten | **Tipp** Vor oder nach dem Konzert wechselt man einfach die Straßenseite und geht auf ein Glas in die coole Bar »Zielona Gęś « (Grüne Gans).

10 Das Café Havana

Modernismus trifft vegan

Żoliborz ist eine vornehme Wohngegend im Norden Warschaus. Das Viertel entstand in den 1920er und 1930er Jahren des letzten Jahrhunderts. Damals entwarfen namhafte Architekten hier stilvolle Villen, oft in modernistischem Stil. Żoliborz blieb im Zweiten Weltkrieg die komplette Zerstörung erspart. Vielleicht auch deswegen hat das Viertel so eine gepflegte Ausstrahlung. Die bekanntesten Bewohner sind zweifellos die Gebrüder Kaczyński. Lech Kaczyński, damals Präsident der Republik, kam 2010 bei einem Flugzeugabsturz ums Leben, während Zwillingsbruder Jaroslaw der Vorsitzende der größten politischen Partei, der PiS, ist.

Unweit des Wilson-Platzes in Żoliborz steht ein paar hundert Meter in nordwestlicher Richtung ein hohes modernistisches Gebäude, auf dessen Fassade in großen Buchstaben »Merkury Społem« zu lesen ist. Dies ist der Name eines Supermarktes, der sich hier im Erdgeschoss schon seit kommunistischen Zeiten hält.

Oberhalb des Supermarktes sind Geräusche zu hören. Schaut man genau hin, kann man dort eine Terrasse erkennen. Um dorthin zu gelangen, betritt man das Gebäude von der Seite und geht eine Treppe hinauf. Willkommen im »Havana«, einer erst 2019 eröffneten Café-Bar, wo der Gast nicht nur etwas trinken, sondern auch essen kann. Das »Havana« bietet vegetarische und vegane Gerichte an. Außerdem gibt es gute Cocktails. Im lichtdurchfluteten Inneren sorgen Pflanzen und Holzmöbel im Vintage-Stil für eine entspannte Atmosphäre. Im Sommer kann man von der Terrasse aus auf das vorbeieilende Volk hinunterschauen, während man selbst entspannt einen Drink schlürft.

Der Name des Lokals knüpft übrigens an eine alte Tradition an. Genau an dieser Stelle gab es nämlich schon in den 1960er Jahren ein Café »Havana«, dessen Name damals natürlich auf das sozialistische Brudervolk in Kuba verwies. Schön, dass das Café wieder zurück ist!

Adresse Słowackiego 16/18, 01-634 Warschau | **ÖPNV** Straßenbahn 4, 6, 15, 18, Haltestelle Plac Wilsona 12 | **Öffnungszeiten** täglich 9–1 Uhr | **Tipp** Die Metrostation Plac Wilsona, nur ein paar hundert Meter entfernt, gilt als die schönste Station in Warschau.

11 Der Dachgarten

Grünes Licht für die Universitätsbibliothek

Studenten machen sich hier gern den Kopf frei: im wunderbaren Dachgarten der Universitätsbibliothek im Zentrum Warschaus. So nah an der hektischen Warschauer Altstadt kann man sicher kaum einen Ort finden, der grüner, entspannter und chilliger ist. Und das Beste: Hier hat jedermann Zugang, und zwar gratis.

Nicht nur Studenten, sondern auch Touristen und vor allem die Warschauer selbst kommen zum Dachgarten, um einen Moment der Ruhe in dieser grünen Oase zu genießen. An dem Tag, als ich hier bin, macht ein verliebtes Pärchen schöne Bilder voneinander. Dafür haben sie sich die spektakulärste Stelle des Gartens ausgesucht, nämlich eine kleine Aussichtsplattform in einer der Ecken, von wo aus Besucher einen wunderbaren Blick auf die in der Nähe vorbeifließende Weichsel haben.

Die Aussichtsplattform befindet sich im oberen Teil, der durch zwei Treppen mit dem niedriger gelegenen Gartenkomplex verbunden ist. Zwischen den beiden Treppen mäandert sogar ein winzig kleiner »Fluss«! Ein Lob also für die Architekten, die ein absolut wasserdichtes Dach gebaut haben. In einer etwa 30 Zentimeter dicken Substratschicht gedeihen alle Pflanzen des Dachgartens wunderbar.

Außer der Aussichtsplattform hat der Dachgarten noch mehr zu bieten: schattige Rosenbögen, halb verdeckte Sitzecken, Rasenflächen und sogar einen Teich inklusive Enten, die sich hier oben sehr wohlzufühlen scheinen. Entspannung pur! Und wer dann doch noch etwas für seine Bildung tun möchte: Gleich neben dem Dachgarten befindet sich der Eingang zur Universitätsbibliothek. In der Halle am Eingang gibt es nette Cafés, einen Buchladen mit günstigen Bildbänden über Polen und einen kleinen, aber feinen Laden, wo Kopien von polnischen Plakaten verkauft werden. Genug zu tun also! Ach nee, doch nicht, das war nicht die Absicht! Das Ziel war ja: schön entspannen, im Dachgarten der Universität …

Adresse Ulica Dobra 56/66, 00-312 Warschau | ÖPNV Bus 105, 118, 127, Haltestelle Biblioteka Uniwersytecka | Öffnungszeiten täglich 8–18 Uhr, Nov.–März 8–15 Uhr | Tipp Vom Dachgarten aus sieht man am Weichselufer das Gebäude, in dem vorübergehend das Museum für Moderne Kunst untergebracht ist, das einen Besuch lohnt.

12 Das Denkmal des freien Wortes

Dort, wo früher der Zensurdienst war

So wie alle Länder des ehemaligen Ostblocks unterhielt auch Polen zu kommunistischen Zeiten einen Geheimdienst, dessen Aufgabe es war, zu kontrollieren, was das eigene Volk über die Politik im Land meinte. Die bekanntesten Geheimdienste waren wohl der KGB in der Sowjetunion und die Stasi in der DDR. Der polnische Geheimdienst trug den Namen Służba Bezpieczeństwa (SB). In nahem Kontakt zu diesem Dienst stand das »Hauptbüro zur Kontrolle der Medien, Veröffentlichungen und öffentlichen Auftritte«, also der Zensurdienst. Dieser hatte seinen Sitz im Zentrum Warschaus.

Trotz aller Kontrollversuche entstand in Polen ab 1976 nach und nach ein starkes Netzwerk illegaler Druckereien, das gigantische Mengen an Medien produzierte. Etwa 7.000 Bücher wurden herausgebracht, um die 3.000 Zeitschriften erschienen. Manche der Zeitschriften erreichten Auflagen von 100.000 Exemplaren, einige Bücher wurden 20.000-mal gedruckt.

Um an diese Untergrundbewegung zu erinnern, wurde im Juni 2014, genau 25 Jahre nach den ersten freien Wahlen in Polen, das »Denkmal des freien Wortes« errichtet. Es befindet sich gegenüber der ehemaligen Hauptzentrale des Zensurdienstes und ist eine 90 Meter lange schwarze Linie, die quer über dem »Platz des freien Wortes« verläuft. Die Linie symbolisiert einen vom Zensurdienst ausgeführten »Strich« durch irgendeinen ungewollten Text.

An einem der Enden ragt die Linie nach oben. Hier verweist ein Text auf die Bedeutung des freien Wortes. So, wie der damalige Präsident Bronisław Komorowski es während der Eröffnung des Denkmals formulierte: »Das freie Wort war das Dynamit, das das System gesprengt hat. Daran sollten wir uns erinnern, und wir möchten, dass andere sich auch erinnern, dass die Freiheit in Polen anfing.« Dem ist wenig hinzuzufügen.

Adresse Skwer Wolnego Slowa, 05-800 Warschau | **ÖPNV** Straßenbahn 7, 9, 22, 24, 25, Haltestelle Muzeum Narodowe, von dort ein paar hundert Meter zu Fuß | **Tipp** Ganz in der Nähe befindet sich das luxuriöse Einkaufszentrum »Vitkac«, leicht zu erkennen an seiner schwarzen Außenfassade.

13 Der deutsche Kniefall

Der Beginn einer neuen Politik

Das sieht man nur selten, Politiker, die sich hinknien. Wer macht so etwas schon gern? Derjenige, der niederkniet, zeigt damit – ja, was, eigentlich? Eine Ehrerbietung? Oder Entschuldigung? Längst nicht alle Politiker möchten mit diesen Begriffen assoziiert werden. Ein Kniefall im richtigen Moment und am richtigen Ort kann aber auch als ein Zeichen von persönlicher Stärke betrachtet werden.

Der ehemalige deutsche Bundeskanzler Willy Brandt ist einer der ganz wenigen Politiker, die vor großem Publikum niederknieten. Er tat es 1970. In Warschau. Im jüdischen Getto. Er bat um Vergebung für deutsche Verbrechen, an denen er selbst nicht beteiligt war. Er konnte, wie er später sagte, in diesem Moment nicht anders. Und es war eine richtige Aktion. Denn seine Geste, seine Bitte um Verzeihung, wurde von den Polen verstanden, obwohl sie damals in der BRD kontrovers diskutiert wurde.

25 Jahre nach dem Ende des Zweiten Weltkriegs war der Besuch von Willy Brandt in Warschau sicherlich einer der schwierigsten seiner politischen Karriere. Brandt, der selbst ein Gegner der Nazis gewesen war, kam im Dezember 1970 in die polnische Hauptstadt und erkannte als erster deutscher Bundeskanzler die Oder-Neiße-Grenze an. Ihm war sehr an einem guten Verhältnis zu Osteuropa gelegen, an einer Normalität in den Beziehungen der BRD sowohl zur DDR als auch zu Polen.

Dass der Kniefall von Brandt im ehemaligen jüdischen Getto von Warschau in die Geschichte eingegangen ist, davon zeugt eine unauffällige Wand aus rotem Backstein, in der Nähe des Getto-Ehrenmals. Der Ort heißt mittlerweile sogar Skwer Willy'ego Brandta (Willy-Brandt-Platz). An der Wand ist ein Relief aus Bronze angebracht, das ihn kniend zeigt. Sein Kniefall war tatsächlich ein Schritt auf dem langen, langen Weg zur Normalität in den Beziehungen zwischen den Nachbarländern Polen und Deutschland. Brandt erhielt 1971 den Friedensnobelpreis.

Adresse Skwer Willy'ego Brandta, 01-999 Warschau | ÖPNV Bus 111, 2180, Haltestelle Nalewki-Muzeum | Tipp Auf dem Platz befindet sich seit 2014 das POLIN Museum, das der jüdischen Geschichte gewidmet ist.

14 Die ehemalige Gettobrücke

Eine Kunstinstallation zur Erinnerung an den Schrecken

Ein paar alte schwarze ZILs stehen vor einem Restaurant und rosten langsam vor sich hin. Obwohl die sowjetischen Pkws bessere Zeiten erlebt haben, sehen sie noch immer beeindruckend aus. Warum sie hier stehen, darüber kann man nur rätseln. Eigentlich ist es aber auch egal. Denn gleich neben den ZILs befindet sich etwas weitaus Bedeutenderes: eine Kunstinstallation, bestehend aus mehreren Metallbalken. Sie ragen in den Himmel, und zwar genau dort, wo früher die Gettobrücke war. Die älteren Einwohner der Stadt können sich noch daran erinnern.

Das Warschauer Getto, 1940 von den Deutschen errichtet, war von einer 18 Kilometer langen Außenmauer umgeben. Tatsächlich gab es ein großes und ein kleines Getto, die durch eine Fußgängerbrücke aus Holz miteinander verbunden waren. Sie wurde von den Juden benutzt, die von einem Gettoteil in den anderen wollten, während auf der Straße unterhalb der Brücke, die zur »arisierten Stadt« gehörte, Lkws, Busse und Bahnen entlangratterten. Die Gettomauer verlief zu beiden Seiten der Chłodna-Straße. Soldaten bewachten die Treppe.

Heute erinnert eine Kunstinstallation an die Gettobrücke. Besucher können sich darin mit Hilfe einer Art Fernglas ein Bild von der damaligen Brücke machen. In dem Bürgersteig ist angedeutet, wo die Gettomauer während des Zweiten Weltkriegs stand. Am besten schaut man sich die Installation abends an. Hell erleuchtet, erkennt man noch deutlicher, wie die Brücke ausgesehen hat.

Die Lebensverhältnisse im Getto waren katastrophal. Viel zu viele Menschen auf engstem Raum, Krankheiten, unhygienische Zustände. Leichen lagen oft tagelang auf der Straße. Kranke wurden liquidiert. Kinder starben vor Hunger. Nach einem Besuch könnte man das Restaurant nebenan mit den sowjetischen ZILs aufsuchen, aber wahrscheinlich ist einem dann der Appetit vergangen.

Adresse Ulica Chłodna, 00-867 Warschau | **ÖPNV** Bus 157, Haltestelle Chłodna | **Öffnungszeiten** jederzeit zu besichtigen | **Tipp** Etwa 200 Meter südlich, an der Ulica Żelazna 58/62, befindet sich »Miss Kimchi«, mein koreanisches Lieblingsrestaurant in Warschau. Und ganz in der Nähe steht das Keret-Haus, das schmalste Haus Europas.

15 Die ehemalige Radrennbahn

Weg damit oder als Denkmal behalten?

Spektakulär muss sie gewesen sein, die Radrennbahn »Adler« (*Orzeł* auf Polnisch) im Warschauer Arbeiterviertel Praga. Wer sucht, findet im Netz Bilder aus den 1970er Jahren, auf dem schlanke Männer auf noch viel schlankeren Rädern durch die hohen, steilen Kurven der Rennbahn flitzen. Die besten polnischen Radrennfahrer – Mirosław Jurek, Czesław Lang, Szymon Kornacki –, sie alle fuhren hier, zu Zeiten der polnischen Volksrepublik.

Die Radrennbahn »Adler« war einmal. Offiziell ist sie schon seit Anfang der 1990er Jahre geschlossen. Nur die dazugehörige Betonhalle ist von der Straße aus noch erreichbar, die Rennstrecke selbst ist hinter Zäunen versteckt. Wer sie sehen will, kriecht aber einfach durch eines der Löcher im Zaun, zum Beispiel von der Ulica Podskarbińska aus, und schon befindet man sich in einer anderen Welt. Überwucherte Parkplätze führen zum ehemaligen Zuschauerbereich. Eine bröckelnde Betontreppe führt zu den früheren Sitzrängen hinauf, und von dort kann man durch Gestrüpp und Büsche die Rennbahn sehen – eine Betonpiste mit einer grünen Wiese in der Mitte.

Etwas gruselig ist der Ort schon, sogar mitten im Sommer, am helllichten Tag. Die ehemaligen Lichtmasten sind komplett verrostet, einer ist sogar eingeknickt und lässt den Kopf nach vorne hängen. Nicht weit von ihm entfernt erkennt man auf der Piste das Bild eines riesigen Vogels. Natürlich ist es ein Adler.

Auch im östlichen Stadtteil Praga hat der Bauboom längst begonnen. Wohnungen müssen her! Deswegen soll die alte Radrennbahn verschwinden. Oder doch nicht? Die Warschauer Stiftung »Miasto Jest Nasze« (Die Stadt ist unsere) setzt sich seit 2018 für ihren Erhalt ein. Unterschriften wurden gesammelt, Medienarbeit geleistet, Gespräche mit Politikern geführt. Ich hoffe, sie bleibt, die Rennbahn, denn sie ist einzigartig.

Adresse Ulica Podskarbińska, 03-831 Warschau | ÖPNV Bus 102, 173, 202, Haltestelle Podskarbińska | Öffnungszeiten offiziell geschlossen, aber wer will, findet einen Weg | Tipp Etwa 500 Meter Richtung Süden, an der Ulica Grochowska 272, befindet sich die Sinfonia Varsovia, wo oft klassische Konzerte stattfinden.

16 Der ermordete Freund der Kinder

Der Mann, der in den Tod ging

Dies ist die Geschichte eines Helden, einer von so vielen Polen, die im Zweiten Weltkrieg ihr Leben für das Wohl anderer geopfert haben. Dies ist die Geschichte von Janusz Korczak.

Geboren wurde er 1878 oder 1879 in Warschau als Henryk Goldszmit, Sohn einer wohlhabenden jüdischen Anwaltsfamilie. In den 1930er Jahren besuchte er zweimal Palästina und überlegte auszuwandern. Doch er tat es nicht.

Für einen Literaturwettbewerb legte sich Goldszmit irgendwann das Pseudonym Jan Korczak zu. Dieser Name blieb. Korczak war aber vor allem Kinderarzt, Pädagoge und Direktor von zuerst einem, dann zwei Waisenhäusern für jüdische Kinder in Warschau. Schon als junger Mann setzte er sich für die Schwächeren in der Gesellschaft ein, und dazu gehörten natürlich Waisenkinder. Als die deutschen Besatzer 1940 in Warschau ein Getto errichteten, mussten seine Kinder ins Sperrgebiet umsiedeln.

Im Sommer 1942 fingen die Deutschen mit der Ausrottung der Gettobewohner an. Im Juli und August wurden täglich Tausende Menschen ins Vernichtungslager Treblinka deportiert. Am 5. August sollte es auch für die Waisenkinder so weit sein. Statt sie in Angst zu versetzen, bereitete Korczak seine Schützlinge auf ganz eigene Art auf diesen Tag vor. Schön gekleidet und mit ihren Musikinstrumenten traten die 200 Kinder singend ihre letzte Reise an, berichtete später ein Augenzeuge. Der Bahnhofskommandant soll Korczak sogar angeboten haben, ihn zu retten. »Sie irren sich. Nicht jeder ist ein Schuft«, war Korczaks deutliche Antwort. Er stieg mit den 200 Kindern in den Zug, der sie ins 110 Kilometer entfernte Lager in Treblinka brachte. Er wollte sie den letzten Weg nicht allein gehen lassen. Seitdem fehlt jede Spur von ihnen. Wahrscheinlich wurden alle bereits am nächsten Tag vergast und verbrannt.

Adresse Świętokrzyska 32, 00-017 Warschau | ÖPNV Metro M2, Haltestelle Świętokrzyska | Tipp Gleich nebenan im gigantischen Kulturpalast lohnt die Bar »Studio« einen Besuch. Abends cool zum Ausgehen, tagsüber ein guter Ort, um einen Kaffee zu trinken!

17 Der ermordete Maler

Auf Pilgertour im Außenbezirk

Wollten Sie immer schon mal in einer tristen Plattenbausiedlung am Rande einer osteuropäischen Hauptstadt den Ort suchen, wo vor Jahren ein eigensinniger Maler ermordet wurde? Ja? Gut, dann ist das hier Ihre Chance. Suchen Sie die ehemalige Wohnung von Zdzisław Beksiński im Stadtviertel Służew!

Der Mann mit der dicken Hornbrille wurde 1929 in Sanok im äußersten Südosten des Landes geboren. Beksiński heiratete, wurde Vater eines Sohnes und arbeitete lange Zeit als Designer bei verschiedenen Unternehmen in Städten wie Sanok, Rzeszów und Krakau. Nachdem die örtlichen Autoritäten die Familie 1977 aufforderten, ihr Haus in Sanok zu verlassen (es musste abgerissen werden), beschloss Beksiński, nach Warschau zu ziehen.

Neben seiner Arbeit betätigte sich Beksiński als Künstler, Grafiker, Fotograf und auch als Maler. Er entwickelte einen sehr eigenen Stil. Vor allem in seinen Gemälden bildete er oft halb nackte, gefesselte Fantasiefiguren ab. Obwohl die Warschauer Avantgarde-Kunstszene nicht wirklich wusste, was sie von seinen Werken halten sollte, errang Beksiński immer mehr Berühmtheit. Auch im westlichen Ausland, in Ländern wie Frankreich und Belgien, und sogar in Japan war seine Kunst beliebt.

Seiner Familie war kein glückliches Los beschieden. 1998 starb seine Frau durch Krankheit. Im folgenden Jahr beging sein Sohn Selbstmord. 2005 traf das Schicksal Beksiński selbst, als ein 19-jähriger Bekannter ihn in seiner Wohnung mit 16 Messerstichen ermordete. Der Grund: Beksiński hatte sich geweigert, dem jungen Mann eine kleine Summe Geld zu leihen.

Im Erdgeschoss des Hochhauses, in dem Beksiński gelebt hatte, erinnert eine Serie von Schwarz-Weiß-Gemälden an den großen Künstler. »Ich habe ihn gekannt«, erzählt eine ältere Passantin. »Er war ein sehr freundlicher Mensch. Schrecklich, dass er ermordet wurde.« Dem ist nichts hinzuzufügen.

Adresse Ulica Sonaty 6/314, 02-744 Warschau | **ÖPNV** Metro M1, Haltestelle Służew, von dort ein paar hundert Meter zu Fuß Richtung Süden | **Öffnungszeiten** das Hochhaus kann von außen jederzeit besichtigt werden | **Tipp** Etwas weiter südlich liegt am gleichnamigen Fluss der Park Dolinka Służewiecka mit Spielplätzen und mehreren kleinen Seen.

18 Der Esperanto-Erfinder

Eine gemeinsame Sprache für die ganze Welt

Weltweit gibt es etwa 6.500 gesprochene Sprachen. Das kann ziemlich verwirrend sein. Das fand auch Ludwik Zamenhof, ein 1859 im ostpolnischen Bialystok geborener Jude. Zamenhof, ein aufgeklärter Intellektueller, studierte zuerst in Moskau und dann in Warschau, wo er im Anschluss als Augenarzt tätig war. Berühmt wurde er aber später, als er eine völlig neue Sprache entwickelte: das Esperanto.

In Zamenhofs Heimatstadt Białystok lebten Polen, Weißrussen, Deutsche und Juden. Schon dort hörte er eine Vielzahl von Sprachen wie Russisch, Jiddisch, Hebräisch, Polnisch und Französisch. Außerdem lernte er in der Schule Griechisch, Latein und Englisch.

Bereits während seines Studiums fing Zamenhof mit der Entwicklung einer Plansprache an. Sie sollte dem Ziel dienen, dass alle Menschen einfach miteinander kommunizieren können. In den 1880er Jahren begann er Schriften über sein Projekt zu publizieren. Mehrmals nahm Zamenhof an internationalen Kongressen teil, so zum Beispiel 1908 in Dresden. Die Begeisterung für die inzwischen Esperanto genannte Sprache wuchs in ganz Europa.

Es gab aber auch viele Gegner. Vor allem der aufblühende Nationalismus in vielen Ländern war eine Bedrohung für das Esperanto. Spätestens nach dem Zweiten Weltkrieg wurde offensichtlich, dass die Idee einer internationalen Sprache zum Scheitern verurteilt war. Doch auch heute gibt es immer noch weltweit Vereinigungen, die sich für eine Etablierung des Esperanto engagieren.

Ludwik Zamenhof, der an Herzproblemen litt, starb im Alter von nur 57 Jahren. 1917 wurde er auf dem jüdischen Friedhof in Warschau begraben. In der Ulica Nowolipki, in deren Nähe der Augenarzt wohnte und arbeitete, erinnert ein wunderbares Wandbild an ihn und seine Idee einer über alle Grenzen hinweg verbindenden Sprache. So sehen wir Zamenhof im Gespräch mit unter anderem Clint Eastwood. Esperanto macht's möglich …

Adresse Ulica Nowolipki 4, 00-153 Warschau | ÖPNV Bus 107, Haltestelle Zamenhofa | Tipp Gleich um die Ecke befindet sich das »Ukraiński Dom« (Ukrainisches Haus), ein Kulturzentrum für die mittlerweile mehr als eine Million in Polen lebenden Ukrainer.

19 Die Fähre über den Fluss

Eine Gratisreise über die Weichsel

Ach wie schön, eine kleine Schiffstour, und noch dazu ist sie kostenlos! Ein paar Kilometer nördlich der Altstadt kann man sich mit einer kleinen Fähre namens »Turkawka« übersetzen lassen, die Teil des ÖPNV-Netzes der Hauptstadt ist. An dem sonnigen Tag, als ich mich an der Anlegestelle einfinde, sind außer mir noch ein paar polnische Schüler, zwei Ehepaare und einige verunsicherte Mexikaner hier. Darf man denn wirklich gratis auf die Fähre? Ja, man darf.

Noch ist sie nicht da, also lasse ich mich auf einer der Sitzbänke am Fluss nieder und warte, bis sich die Fähre am östlichen Ufer wieder in Bewegung setzt. Sie scheint noch weit weg, aber ist schon relativ bald da. Nachdem ein Dutzend Passagiere von der Fähre runtergekommen ist, sind wir dran. Es geht die etwas rutschige Böschung runter, dann den Bootssteg hinauf, und schon befinden wir uns an Bord der mit einer Plane überdeckten, gelb-grün gestrichenen Fähre und suchen uns einen Sitzplatz. Auch ein Fahrrad wird kostenlos transportiert!

Während der Überfahrt sollte man aber an seinem Platz bleiben: Es wird nicht herumspaziert! Wahrscheinlich ist es eine Sicherheitsmaßnahme, denn der Kapitän möchte bestimmt nicht, dass seine Passagiere in das doch etwas unruhige Wasser stürzen.

Die Fahrt über die Weichsel dauert nur wenige Minuten, doch das reicht, um ein wenig zu träumen und sich umzuschauen. Während im Süden die Brücken des Warschauer Zentrums in den Blick geraten, fließt auf der anderen Seite der breite Fluss langsam Richtung Ostsee …

Schon sind wird am Ostufer angekommen. Dort liegen ein paar Hauptstädter am Strand und sonnen sich. Ich schnappe mir mein Fahrrad und schiebe es durch den gelben Flusssand hoch zur nächsten Straße. Ein paar Touristen stehen schon bereit für die nächste Überfahrt. Hopp, hopp, alle von Bord, die Reise ist zu Ende, bis zum nächsten Mal. Ahoi!

Adresse Haltestelle in Łomianki Dolne, am Westufer der Weichsel, 05-092 Warschau | ÖPNV am besten mit dem Fahrrad zu erreichen | Öffnungszeiten Fährdienst Mai–Sept. etwa 9–20 Uhr, circa dreimal pro Stunde | Tipp Bringen Sie ein Handtuch und etwas zu essen mit und genießen Sie den Strand am Ostufer der Weichsel.

20 Der Fahrradfahrer-Zähler

Immer mehr Warschauer steigen um

Und das soll jetzt eine Touristenattraktion sein? Na gut, zugegeben, die unauffällige Säule am Rande des breiten, asphaltierten, rot markierten Radwegs nördlich des Kulturpalasts im Zentrum Warschaus ist jetzt nicht das achte Weltwunder. Aber es lohnt sich schon, mal kurz an diesem Fahrradfahrer-Zähler anzuhalten, der hier fast bescheiden im Blumenbeet versteckt steht.

Zu den vielen großen Veränderungen, die Warschau in den letzten Jahrzehnten erlebt hat, zählt auch ein enormer Anstieg des Verkehrsaufkommens. Inzwischen kommen auf 1.000 Einwohner mehr als 700 Autos. Zum Vergleich: In Berlin sind es zwischen 300 und 400 Pkws. Fahrradfahrer sah man auf den Straßen Warschaus lange Zeit fast gar nicht. Auch heutzutage lebt man als Radler in der polnischen Hauptstadt relativ gefährlich. Für viele Polen gilt: Wer jemand sein will, fährt Auto. Je größer, je neuer, je mehr PS, desto besser. Erst 2016 sagte der damalige polnische Außenminister Waszczykowski in der deutschen »Bild-Zeitung«: »Polen ist kein Land von Vegetariern und Fahrradfahrern.«

Nun ja, das mag nach wie vor gelten, doch seit einigen Jahren ist in Polen auch vieles in Bewegung gekommen. Vor allem in größeren Städten werden große Summen in den öffentlichen Nahverkehr sowie Rad- und Fußwege investiert. Mittlerweile verfügt die polnische Hauptstadt über etwa 500 Kilometer breite und gut ausgeschilderte Radwege, in einer Qualität, an der sich zum Beispiel Berlin ein Beispiel nehmen kann. Bis 2023 soll sich die Länge des Radwegnetzes sogar verdoppeln. Auch viele E-Bike-Ladestationen sind geplant. Und siehe da: Immer mehr, vor allem junge Polen steigen vom Auto aufs Fahrrad um.

Wer Zweifel daran hat, ob dem tatsächlich so ist, der kann sich selbst davon überzeugen. Hier, an dem Fahrradfahrer-Zähler, wo jeder, der vorbeifährt, registriert wird. Die Verkehrswende hat begonnen, auch in Warschau!

Adresse Ulica Świętokrzyska 30 (in der Nähe des Restaurants »Spacca Napoli«), 00-116 Warschau | ÖPNV Metro M2, Haltestelle Świętokrzyska. Aber am besten kommt man mit dem Rad! | Tipp Schauen Sie den vorbeifahrenden Radfahrern von der Terrasse des italienischen Restaurants »Spacca Napoli« zu. Oder radeln Sie selbst an dem Zähler vorbei!

21 Das Filmset in Praga

Wo Roman Polański »Der Pianist« drehte

Kein Land hat so unter dem Zweiten Weltkrieg gelitten wie Polen, und keine Stadt hat mehr Leid erfahren als Warschau. Das Zentrum lag komplett in Schutt und Asche. Das galt aber nicht für das Ostufer der Weichsel. Dieses Gebiet wurde schon 1944 von den Sowjets zurückerobert, die sich hier dann verschanzten, während die Deutschen im Sommer 1944 auf der anderen Seite des Flusses den Warschauer Aufstand brutal niederschlugen.

So blieb der östlich der Weichsel gelegene Stadtteil Praga vergleichsweise gut erhalten. Die Mietskasernen, die hier schon Ende des 18. Jahrhunderts gebaut worden waren, überstanden den Krieg, und sie überstanden ebenso 40 Jahre Kommunismus. Als dann die Wende kam, stand Praga voll mit inzwischen völlig heruntergekommenen Wohnsilos, hochgezogen aus rotem Backstein. Lange Zeit wollte hier keiner hin, denn es war feucht, dunkel und kalt, und hier wohnte das Proletariat, hier wurde gesoffen, gehauen und geklaut.

Weil das Viertel aber zugleich so authentisch war, hatte es auch einen gewissen Reiz. Vor allem Filmemacher zog es nach Praga. Nirgendwo in Europa konnte man mit so wenig Aufwand Filme drehen, die im 19. oder Anfang des 20. Jahrhunderts spielten. Eine Kulisse zu bauen war nicht nötig. Praga *war* das 19. Jahrhundert. Der bekannteste Filmemacher, der hierhinkam, war Roman Polański, der 2002 in der Mala- und der Konopacka-Straße Außenaufnahmen machte für »Der Pianist«, einen Film über den jüdischen Klavierspieler Władyslaw Szpilman, dem die Flucht aus dem Warschauer Getto gelang.

Wer sich heutzutage auf die Suche nach Drehorten begibt, wird manchmal von den hiesigen Bewohnern angesprochen. Sie sind durchaus stolz auf ihr Viertel, aber auch argwöhnisch. Das ist verständlich. Denn lange Zeit haben fast alle Warschauer auf Praga herabgeschaut. Es ist Zeit, dass sich dies ändert. Denn die Menschen hier müssen sich für ihr Viertel nicht schämen.

Adresse Ulica Mała, 03-423, Warschau | ÖPNV Metro M2, Haltestelle Dworzec Wileński, von dort zehn Minuten zu Fuß | Tipp In der Umgebung gibt es mehrere Secondhandläden, zum Beispiel das »Look inside« in der Ulica Wileńska 21, wo man Lampen, Geschirr und andere Haushaltswaren aus der Zeit der Volksrepublik Polen günstig erwerben kann.

22 Die Filteranlage im Fluss

Sauberes Trinkwasser aus der Weichsel

Ganz allein steht er da mitten im Fluss, der eigenartige, pilzförmige grüne Turm. Wer es nicht weiß, fragt sich bestimmt: Was soll dieser unerreichbare Turm da im Wasser? Wozu dient er? Nun, es ist eine Filteranlage, die auf Polnisch *Gruba Kaśka* (»Dickes Käthchen«) genannt wird. Von der Ostseite der Weichsel aus ist sie für Autofahrer, die aus dem Zentrum Richtung Süden an ihr vorbeirasen, wegen einer Lärmschutzwand nicht zu sehen. Wohl aber von dem Schotterweg entlang der Weichsel aus, auf dem vor allem im Sommer viele Radfahrer unterwegs sind. Genau gegenüber der Filteranlage gibt es eine Beach Bar, wo man im Schatten zwischen den Bäumen mit einem kühlen Getränk in der Hand von der Sonnenliege aus freien Blick auf das eigentümliche Bauwerk hat.

Seit 1964 steht es im Fluss, das »Dicke Käthchen«. Zuvor wurde ganz Warschau von dem linken Ufer der Weichsel mit Trinkwasser versorgt. Da die Stadt aber immer weiter wuchs, brauchte sie für ihre Einwohner auf dem rechten Flussufer eine eigene Filteranlage. Vom Turm aus verteilen sich 15 sogenannte Drainagerohre in der Weichsel. Das Flusswasser passiert zuerst eine vier bis acht Meter dicke Sandschicht, die dank der Strömung ständig erneuert wird. Danach gelangt das Wasser durch einen Tunnel zu einer Aufbereitungsanlage. 2019 drehte Julia Pelka, eine junge Regisseurin, sogar einen Dokumentarfilm über diese für die Hauptstädter lebenswichtige Filteranlage.

Wenn man zu Fuß über den Strand zum Ufer geht, sieht man Plastikschläuche im Wasser, die anzeigen, wo das vor Anker liegende kleine Schiff Flusssand aufwühlen soll, was bei Niedrigwasser für eine ausreichend dicke Filterschicht notwendig ist.

Besuchen kann man den Turm nicht, es sei denn, man ist Wissenschaftler, Journalist oder Mitarbeiter der Wasserbehörde. Aber auch vom Ufer aus bietet das »Dicke Käthchen« einen faszinierenden Anblick.

Adresse südlich der Łazienkowski-Brücke, 00-001 Warschau | ÖPNV Bus 117, Haltestelle Wersalska, dann in Fahrtrichtung bis zur großen Uferstraße gehen, diese überqueren und dann hinunter zum Fluss; am besten mit dem Fahrrad das rechte Weichselufer entlangfahren | Tipp Eine Radtour entlang dem östlichen Weichselufer, wo sich kleine Strände und Auenwälder abwechseln und hier und da eine Beach Bar zur Rast einlädt.

23 Die finnischen Holzhäuser

Von der Übergangslösung zum Denkmal

Ganz zentral, aber trotzdem herrlich ruhig: Das ist die Lage von Jazdów, einem Viertel im Zentrum Warschaus, wo 27 aus Holz gebaute Häuser stehen. Es sind nicht irgendwelche Holzhäuser, sondern finnische Holzhäuser. Sie waren Teil der Reparaturzahlungen, die Finnland noch während des Zweiten Weltkriegs an die Sowjetunion leisten musste. Dort wurden sie aber nicht gebraucht, und deswegen kamen die Holzhäuser schon im Februar 1945 als Bausätze von Moskau aus nach Warschau, wo sie im März 1945 aufgebaut wurden.

Ursprünglich sollten sie nur eine Übergangslösung für maximal 20 Jahre sein. Deswegen wurden sie auch nicht an die Kanalisation und andere Versorgungsnetze angeschlossen. Doch lediglich vier Häuser wurden abgerissen. Die übrigen stehen 77 Jahre nach Kriegsende noch immer, auch wenn mehrere Stadtplaner in den vergangenen Jahren die Gegend wegen der zentralen Lage für den Neubau von Wohnungen nutzen wollten. Bis vor etwa zehn Jahren machten die Holzhäuser einen heruntergekommenen Eindruck, doch inzwischen sind sie restauriert und haben regelrecht Kultstatus errungen. 2017 wurde das Viertel sogar unter Denkmalschutz gestellt. Wegen ihrer Lage und der großen Gärten sind sie mittlerweile sehr populär. Übrigens wurde die autofreie »Hauptstraße« durch das Viertel 1991 in Ulica Johna Lennona umbenannt, obwohl der Sänger nie hier war.

In Jazdów gibt es auch einen Kulturverein, der sich um die Interessen des Viertels kümmert. Im Sommer öffnen einige Bewohner ihre Gärten und bieten den Gästen selbst hergestellten Honig, Kaffee und Kuchen an. In manchen Häusern werden kulturelle Events wie zum Beispiel Volkstanzabende organisiert. Solche Abende sind neuerdings in bestimmten Hipsterkreisen sehr angesagt. Nix mit Netflix und Instagram also, heute Abend gehen wir offline und tanzen im finnischen Holzhaus zu Volksmusik!

Adresse Osiedle Jazdów 3/12, 00-467 Warschau | ÖPNV Bus 116, 166, 180, 195, 222, Haltestelle Plac na Rozdrożu | Öffnungszeiten ein Spaziergang durch Jazdów ist jederzeit möglich (weitere Infos auf www.jazdow.pl/en/) | Tipp An das Viertel grenzt der schöne Park Ujazdowski. Einfach auf einer der Bänke rund um den Teich Platz nehmen und die Ruhe genießen.

24 Der Fliegerclub

Flugzeuge fast zum Berühren nah

Wer mal etwas anderes als ein Museum besuchen will, macht sich auf in den nordwestlich gelegenen Stadtteil Bemowo. Hier befindet sich, gut versteckt hinter neu gebauten noblen Wohnblocks, schon seit 1927 der Vereinssitz des »Aeroklub Warszawski«.

Fast niedlich ist der Flughafen Babice, der kleinste der drei Flughäfen in Polens Hauptstadt. Obwohl der Schlagbaum am Eingang heruntergelassen ist, kümmert sich kein Mensch um die sowieso nur wenigen Besucher, die auf das Gelände wollen. Ich gehe einfach am Schlagbaum vorbei, und schon befinde ich mich am Rande einer riesigen Rasenfläche. Auf dem Gras vor mir zähle ich ein Dutzend kleine Sport-, Propeller- und Schwebeflugzeuge sowie einige Hubschrauber. Am Rande des Felds stehen die Tore von mehreren Hangars weit offen, in denen weitere Flugzeuge auf ihren Einsatz warten.

Mit viel Krach steigt eine kleine Maschine auf. Eine Mutter und ihre Tochter winken voller Begeisterung Richtung Flugzeug. Sitzt der Papa darin? Es kämpft sich hoch und wird langsam kleiner, um schließlich als winziger Punkt vor einem stahlblauen Himmel in der Ferne zu verschwinden. Die meisten Sportflugzeuge fliegen Richtung Innenstadt. Die moderne Skyline von Warschau mit ihren spektakulären Hochhäusern ist an diesem Tag gut zu erkennen. Nicht mehr als zehn Kilometer sind es von hier bis zum Palast der Wissenschaft und Kultur im Zentrum. Wegen seiner städtischen Lage und der vielen Hochhäuser in der Umgebung wird schon seit 30 Jahren über die Schließung des Flughafens diskutiert.

Doch bis es so weit ist, bietet der »Aeroklub Warszawski« Rundflüge an. Man kann sich auch für einen Fallschirmspringerkurs anmelden oder sich im Schwebeflugzeug versuchen. Wem das alles zu aufregend ist, der besucht einfach das kleine Café im Flughafengebäude. Schließlich muss man nicht abheben, sondern kann auch mit beiden Füßen auf dem Boden bleiben.

Adresse Flugplatz Warschau-Babice, Ulica Księżycowa 3, 01-934 Warschau, www.skydive.waw.pl | **ÖPNV** Metro M1, Haltestelle Młociny, umsteigen in Bus 203, Haltestelle Maszewska, von dort wenige Minuten zu Fuß | **Öffnungszeiten** täglich 10–18 Uhr | **Tipp** Einen knappen Kilometer nordwestlich des Flughafens kann man die Reste der Festung Wawrzyszew besichtigen.

25 Das Flipper-Museum

An Vintage-Automaten spielen, so lange man will

Es ist eine seltsame Gegend. Ein verlassenes Bahnhofsgelände, geschlossene Bars und Kneipen, ein paar abgestellte alte Autos. Auf diesem menschenleeren ehemaligen Industriegelände könnte auch das Clubheim der lokalen Hells Angels stehen. Tatsächlich befindet sich hier jedoch das Pinball Museum, so wie es offiziell, auf Englisch, heißt.

Hinter der Eingangstür betritt der Besucher eine andere, dunkle, aber auch aufregende Welt. Bereits morgens um elf steht eine nette junge Frau hinter der Theke und verkauft Eintrittskarten und Getränke. Allzu viel weiß sie nicht über die Spielautomaten, nur, dass es mittlerweile weit über hundert sind. Als das Museum 2016 öffnete, waren es erst 30 Exponate. »Wir haben leider nur ein polnisches Gerät«, sagt sie entschuldigend und zeigt mir einen Flipper aus braunem Holz, der aus den 1930er Jahren stammen soll.

Verteilt auf zwei Etagen, sitzen ein paar meist ältere Männer und zocken, was das Zeug hält, während die typischen Flippergeräusche aus den Automaten ertönen. Die Liebhaber wissen, wofür sie herkommen. Die meisten der Flippergeräte wurden in den 1980er und 1990er Jahren gebaut und haben Kultstatus. Letztendlich ist das hier auch viel mehr eine Vintage-Spielhalle als ein Museum, denn in welchem anderen Museum darf man mit den ausgestellten Exponaten spielen? Und falls etwas kaputtgeht: Kein Problem, versichert die Frau am Eingang, das Gerät wird einfach repariert!

An jedem Automat klebt eine Art Infosticker: woher er stammt, wer ihn entworfen hat, der Slogan, und manchmal erfährt man sogar, welche Geräusche er erzeugt. Wer also immer schon mal »Dirty Harry«, »Batman Forever«, »X Files«, »Star Trek«, »Lethal Weapon 3«, »The Adams Family«, »Pac Man«, »Street Fighter« oder »Metal Slug« spielen wollte, weiß jetzt, wohin er gehen muss. Und das Beste: Nachdem man Eintritt bezahlt hat, darf so lange gespielt werden, wie man will!

Adresse Ulica Kolejowa 8a, 01-210 Warschau, www.pinballstation.pl | ÖPNV Metro M2, Haltestelle Rondo Daszyńskiego, von dort ein knapper Kilometer zu Fuß | Öffnungszeiten Fr–So 11–24 Uhr, Mo–Do nur für Gruppen geöffnet, Eintritt: 40 Złoty | Tipp Ein Stück nördlich der Metrohaltestelle, im Muzeum Powstania Warszawskiego (Ulica Grzybowska 79), erfährt man viel Wissenswertes über den Warschauer Aufstand 1944.

26 Das frühere Fort

Teil einer riesigen Festungsanlage

Grün ist es hier, und es gibt eine Menge Platz. Überall Bäume, Wiesen, Rad- und Wanderwege. Das riesige ehemalige Bema-Fort im Nordwesten der Stadt lädt zum Joggen, Fahrradfahren, Lesen und Entspannen ein. Und das ist denn auch, was die meisten Besucher hier machen.

Das Fort wurde Ende des 19. Jahrhunderts von den Russen gebaut und war Teil einer Festungsanlage, die ganz Warschau umgab. Dieses und die weiteren Forts im Umland dienten den Russen dazu, die Stadt im Fall eines Aufstands besser kontrollieren zu können. Zu Aufständen war es bereits in den Jahren 1830 und 1861 gekommen, als sich polnische Nationalisten der russischen Besatzungsmacht widersetzt hatten. Im 19. Jahrhundert war Polen komplett von der europäischen Karte verschwunden. Das polnische Volk selbst aber nicht, weshalb die Russen eine Festungsanlage, die ursprünglich nur über eine Zugbrücke erreichbar war, für notwendig erachteten.

Nach dem Ersten Weltkrieg verlor die Anlage zunehmend an Bedeutung. Im Zweiten Weltkrieg nutzten die Deutschen das Fort Bema noch als Waffenarsenal und Wehrmacht-Sportschule, aber danach spielte es in militärischer Hinsicht keinerlei Rolle mehr. Zu kommunistischen Zeiten wurde die Anlage vom Sportverein Legia Warschau genutzt, aber die Festung zerfiel immer mehr.

Heutzutage dient die Gegend hauptsächlich als Park für die Anwohner. Die Wassergräben rund um das Fort sind leer. Viele der Räume in den aus roten Ziegelsteinen gebauten und inzwischen überwucherten Kasematten sind frei zugänglich. In einer von ihnen haben Street-Art-Künstler vor einigen Jahren die Galerie »Forty/Forty« gegründet. Obwohl ein Teil der Bilder mittlerweile von weniger begabten *Künstlern* übersprüht und zerstört worden sind, lohnt sich ein Besuch der bemalten Räume noch immer. Vorsicht nur wegen der Glassplitter auf dem Boden. Ansonsten aber: viel Spaß!

Adresse Ulica Obrońców Tobruku, 01-494 Warschau, www.bemowo.waw.pl | **ÖPNV** Regionalbahnhof Kolo, von dort etwa 20 Minuten zu Fuß | **Öffnungszeiten** rund um die Uhr zugänglich | **Tipp** Vor dem Eingang des Forts kommen Kinder auf ihre Kosten, denn hier befindet sich einer der größten öffentlichen Spielplätze Warschaus.

27 Der furchtlose Diplomat

Der Mann, der sich in Konzentrationslager einschleusen ließ

Entspannt sitzt er da in seinem Sessel, mit der linken Hand berührt er sein Kinn. Er denkt über etwas nach, vielleicht über sein Leben? Man weiß es nicht, aber es ist gut, dass er auf diesem Platz mit einem Denkmal geehrt wird, hier relativ unauffällig in der Nähe von einigen Bäumen, aber vor allem: in der Nähe des POLIN, des jüdischen Museums.

Der Mann heißt Jan Karski und war ein polnischer Diplomat, der sich während des Zweiten Weltkriegs absichtlich in Konzentrationslager einschleusen ließ, um danach zu flüchten, damit er über die dortige Situation wichtigen Politikern aus erster Hand berichten konnte.

Karski, 1914 geboren, studierte Rechtswissenschaften in Lemberg und absolvierte dann in Genf und London eine Ausbildung zum Diplomaten. Während des Zweiten Weltkriegs wurde er als Offizier der polnischen Armee von den Sowjets verhaftet. Nach einem Gefangenenaustausch sprang er auf dem Transport in ein Zwangsarbeitslager aus dem Zug. Er trat der im Untergrund kämpfenden Heimatarmee bei und wurde wegen seiner Sprachkenntnisse als Kurier zwischen der Führung der Heimatarmee und der polnischen Exilregierung in London eingesetzt.

Karski ließ sich außerdem in ein anderes Lager einschleusen, von dem aus Juden in das Vernichtungslager Bełzec deportiert wurden. Schließlich wurde er 1943 auch ins Warschauer Getto verbracht, aus dem ihm die Flucht durch einen Tunnel gelang. Karski reiste daraufhin nach London, wo er Angehörigen der polnischen und der britischen Regierung Bericht erstattete. In den Vereinigten Staaten sprach er sogar mit Präsident Roosevelt persönlich über die dramatische Lage der Juden in Polen. Zu seiner großen Frustration führten seine Berichte nicht zu einem entschiedenen Handeln der Westmächte.

Nach dem Krieg ließ sich Karski in den Vereinigten Staaten nieder, wo er an verschiedenen Universitäten lehrte. Er starb im Jahr 2000 in Washington.

Adresse Ulica Anielewicza 6, 00-157 Warschau | ÖPNV Bus 111, 180, Haltestelle Nalewki-Muzeum | Tipp Auf demselben Platz mit dem Namen Skwer Willy'ego Brandta steht ein imposantes Denkmal für die Helden des Getto-Aufstands im Jahr 1943.

28 Die Galeria Zachęta

Beeindruckendes Gebäude für zeitgenössische polnische Kunst

Schwer zu sagen, was hier jetzt faszinierender ist: das Gebäude selbst oder die spektakulären, regelmäßig wechselnden Ausstellungen in der Nationalen Kunstgalerie Zachęta ... Na ja, zum Glück gibt es keinen Grund, sich entscheiden zu müssen. Auf jeden Fall imponiert die im klassischen Stil entworfene Außenfassade des 1900 eröffneten Kunsttempels. Ein überaus beliebtes Motiv für Selfies ist bei Besuchern, Touristen, Hipstern und Instagrammern die zentrale Eingangshalle. An diesem Ort sieht jeder gut aus! Der hohe Treppenaufgang aus weißem Marmor ist das Highlight des überraschend großen Gebäudes im Zentrum Warschaus, gleich neben dem Sächsischen Garten.

Die Galerie hat es sich zur Aufgabe gemacht, zeitgenössische polnische Kunst zu fördern. Neben einer ständigen Sammlung werden regelmäßig wechselnde Ausstellungen gezeigt. Auch internationale Künstler, wie zum Beispiel Niki de Saint Phalle, waren hier mit ihren Werken schon zu Gast. Im Jahr 2000, als die Galerie ihr hundertjähriges Jubiläum feierte, wurden Werke von Künstlern wie Picasso, Mondrian und Kandinsky, aber auch von polnischen Größen wie Kantor und Witkacy ausgestellt.

Als ich die Galerie besuche, ist eine Ausstellung den Werken polnischer Künstler aus den 1980er Jahren gewidmet, einer Epoche, die in letzter Zeit viel Aufmerksamkeit in Polen bekommt. Auf riesigen Bildern sind Aktionen von Künstlern aus der Spätphase des Kommunismus zu sehen, die bei offiziellen Paraden mit Sandwich-Schildern, auf denen »Galeria Tak« und »Galeria Nie« (Galerie Ja und Galerie Nein) steht, gegen den kommunistischen Strom laufen. Ein anderes Bild zeigt einen Dirigenten, der auf einem Stuhl an der polnischen Ostseeküste im Wasser steht, sein Rücken dem Publikum zugewandt, das in Strandstühlen die Meerwellen betrachtet, die er »dirigiert«. Sehr eigenartig, sehr faszinierend. Galeria Zachęta eben!

Adresse Plac Małachowskiego 3, 00-916 Warschau, www.zacheta.art.pl | ÖPNV Bus 102, 105, 107, 111, 222, Haltestelle Zachęta 2 | Öffnungszeiten Di–So 12–20 Uhr, Eintritt: 15 Złoty | Tipp Auf der anderen Straßenseite befindet sich der Saski Ogród, der Sächsische Garten, in dem man wunderbar spazieren gehen kann.

29 Der Garten-Dinosaurier

Urzeitliche Reptilien bevölkern die Stadt

Wer an Warschau denkt, dem kommen wahrscheinlich eher nicht Dinosaurier in den Sinn. Tatsächlich aber sind einige Exemplare dieser ausgestorbenen Lebewesen hier zu finden. Und das ist ebenso erfreulich für Menschen, die Kinder haben, als auch für Fans von »Jurassic Park« und all diejenigen, die mehr über prähistorische Tiere erfahren wollen. Für Letzteres bietet sich zum Beispiel sehr gut das Geologische Museum an, das man noch dazu kostenlos besuchen kann. Hier sind nicht nur Skelette von Dinosauriern, sondern auch von anderen Tieren ausgestellt, zum Beispiel von Mammuts aus der Eiszeit.

Nicht weit von diesem Museum entfernt, steht im Garten der geologischen Fakultät, an der Ecke Żwirki-/Banacha-Straße, ebenfalls ein riesiger Dinosaurus. Wahrscheinlich ist er sogar der größte frei herumlaufende Dino in Polen! Eingezäunt ist er zwar, aber mit einem Sprung könnte er in die Freiheit hüpfen und sich in der riesigen Parkanlage (Pole Mokotowskie) auf der anderen Straßenseite verstecken. Zum Glück lebt der zähnefletschende Dino aber nicht, sondern ist nur ein Modell.

Wer noch weitere Dinos in Warschau sehen möchte: Auch das Evolutions-Museum im Palast für Kultur und Wissenschaften hat welche im Angebot. Einige der in der mongolischen Gobi-Wüste gefundenen Knochen wirken zwar etwas verstaubt, aber vor allem Kinder lieben sie trotzdem. Außerdem gibt es hier auch versteinerte Eier zu bestaunen.

Leider darf man mit den Dino-Modellen in den Museen nicht spielen … Aber das ist nicht wirklich ein Problem. Denn wer das unbedingt möchte, nimmt die Metro nach Ursynów, wo sich etwa zehn Minuten von der gleichnamigen Haltestelle entfernt ein Spielplatz befindet, der komplett den urzeitlichen Reptilien gewidmet ist. Hier gibt es neben Kletter-Dinos sogar einen Bereich, in dem die Familie Feuerstein wohnt. Fast kommt man sich wirklich vor wie im Jurassic Park!

Adresse Garten der geologischen Fakultät, Ecke Ulica Żwirki i Wigury/Ulica Stefana Banacha, 02-089 Warschau | ÖPNV Bus 128, 136, 175, 188, 504, Haltestelle Banacha-Szpital 02 oder 04 | Öffnungszeiten jederzeit zu besichtigen | Tipp Im riesigen Park auf der anderen Straßenseite befindet sich die »Psorbona«, eine »Hunde-Akademie«, wo Hunde auf Polnisch, Englisch und Finnisch (!) trainiert werden. Wer keinen Hund hat, kann auch einfach zuschauen (Infos: www.psorbona.pl).

30 Die Gentrifizierung in Praga

Vom Arme-Leute-Viertel zum Nobelquartier

Lange Zeit galt Praga als unattraktives Wohngebiet. Die Verbindungen zwischen dem am östlichen Weichselufer gelegenen Stadtteil und dem Zentrum waren nicht allzu gut. Die Bewohner waren vor allem Arbeiter, einfache Leute, Arbeitslose. In Praga gab es eine hohe Rate an Kleinkriminalität. Wer hier nicht lebte, hatte hier nichts zu suchen.

So war es, bis vor etwa zehn Jahren. Dann wurde alles anders. Seit die Metro nach Praga fährt, ist die Anbindung ans Zentrum viel besser. Dazu kommt, dass die Warschauer Wirtschaft boomt. Und immer weiter boomt. Alle wollen nach Warschau! Deswegen haben Immobilienfirmen mittlerweile auch Praga entdeckt. Das ging natürlich nicht von einem Tag auf den anderen. Zuerst kamen die Studenten, die sich die teuren Wohnungen in anderen Stadtteilen nicht mehr leisten konnten, und mit ihnen auch einige »Kreative«. Nach wie vor ziehen viele junge Leute in das Viertel. Sie renovieren Wohnungen, eröffnen Kneipen und kleine Läden. »Aha«, denken jetzt Investoren, »noch ist es günstig in Praga, aber das wird sich ändern! Wir müssen jetzt dort aktiv werden!« Dieser Prozess heißt auf gut Deutsch Gentrifizierung.

Plötzlich wollen alle in Praga wohnen. Denn mittlerweile ist es dort cool, dynamisch und noch nicht extrem teuer. Bis zu dem Moment, wenn die ersten Alteingesessenen sich die steigenden Mieten nicht mehr leisten können und in Richtung Stadtrand ziehen, wo Wohnungen noch günstiger sind. Es sind oft persönliche Tragödien. Menschen, die ihr ganzes Leben in einem vertrauten sozialen Umfeld gelebt haben, werden entwurzelt. Die Gewinner sind die Großinvestoren. So funktioniert Gentrifizierung. Und sie findet jetzt statt. Wer will, kann sich den Prozess anschauen. Überall, zum Beispiel in der Ulica Krowia. Aber man sollte sich nicht allzu viel Zeit lassen. Den schon bald wird es das ursprüngliche Praga nicht mehr geben.

Adresse Ulica Krowia, Port Praski, 03-711 Warschau, www.portpraski.pl | ÖPNV Bus 162, Haltestelle Sierakowskiego | Tipp In der Nähe, an der Ulica Sierakowskiego 7, steht das denkmalgeschützte ehemalige jüdische Studentenwohnheim aus dem Jahr 1926. Während des Interbellums wohnten hier etwa 300 Studenten, darunter Menachem Begin, der spätere israelische Ministerpräsident.

31 Das geschmackvolle Teehaus

Kuchen, Torten und Tee in stilvollem Ambiente

Herbata, ist das kein schönes polnisches Wort? In vielen Ländern Europas ähneln sich die Wörter für Tee: *tea* in England, *thee* in den Niederlanden, *thé* in Frankreich. Die Polen sagen aber *Herbata*, was an das englische *herbs*, Kräuter, erinnert. Dabei trinken die Polen traditionell vor allem gern schwarzen Tee. Sowieso wurde in Polen lange Zeit mehr Tee als Kaffee getrunken. Warum? Das hatte damit zu tun, dass in den kommunistischen Jahren Kaffee viel teurer war.

Polen ist in den vergangenen Jahren zu einem wichtigen Exporteur von Tee geworden, der hier in großen Mengen verarbeitet wird.

Die Teekultur im Land selbst ist dabei, sich zu verändern. Unter dem Einfluss der Marktwirtschaft trinken immer mehr Polen nicht nur schwarzen, sondern auch den teureren grünen Tee. Weil die Wirtschaft schnell wächst, steht den Polen immer mehr Geld zur Verfügung. Geld, das sie zum Beispiel für feine Teesorten ausgeben.

Feinen, losen grünen Tee kaufen gut betuchte Polen heutzutage bei »Odette«. Dies ist einer der am besten sortierten Teeläden in der Hauptstadt. »Odette« befindet sich im Erdgeschoss des exklusiven Cosmopolitan-Wohnturms in der Nähe des Grzybowski-Platzes, einer Gegend mit vielen modernen Wohntürmen.

Entlang der Wand stehen Dutzende verchromte Behälter mit Teesorten aus aller Welt. Auf einem Tresen aus edlem Rosenholz sind außerdem herrliche Törtchen und Kuchen aufgestellt. Kunden lassen sich hier gern vom Personal beraten. Und setzen sich anschließend an eines der einfachen schwarzen Tischchen, um ihren Tee und Kuchen zu genießen. Die Einrichtung des Teehauses ist stilvoll und schlicht. Regale und Beleuchtung sind größtenteils aus glänzendem Kupfer, die Decke ist pechschwarz. An den Wänden sind riesige grüne Blätter angebracht, sodass man sich glatt im Dschungel wähnen könnte. Ein perfekter Ort für eine Pause in der hektischen Stadt.

Adresse Ulica Twarda 4, 00-824 Warschau, www.odette.pl | **ÖPNV** Metro M2, Haltestelle Rondo ONZ | **Öffnungszeiten** täglich 10–20 Uhr | **Tipp** Ungefähr gegenüber von dem Teeladen befindet sich der Platz Grzybowski mit einer schönen Kirche und einem Denkmal für Papst Johannes Paul II.

32 Die getötete Aktivistin

Der tapfere Kampf gegen die Reprivatisierung

Warschau ist eine der dynamischsten Städte Europas. Hier wird geklotzt und gebaut. Da, wo bis vor Kurzem noch verfallene Mietskasernen standen, ragen plötzlich riesige Kräne in den Himmel, weil dort luxuriöse Apartments entstehen. Investoren verdienen in Warschau so viel Geld wie sonst nirgendwo in Europa.

Leider profitieren von dem Bauboom längst nicht alle. Viele Bewohner von Stadtvierteln wie Praga, wo bis vor zehn Jahren kein Mensch hinziehen wollte, geraten plötzlich unter mächtigen Druck. Ganze Häuserreiher wurden in den letzten Jahren verkauft. Seitdem treiben die neuen Eigentümer die Mieten raketenhaft in die Höhe. Viele finanziell Schwächere, die über Jahrzehnte in einer Altbauwohnung gelebt haben, können sich die Miete nicht mehr leisten. Ihnen droht der soziale Abstieg.

Eine tapfere Aktivistin, die sich für die Rechte der Mieter einsetzte, war Jolanta Brzeska, die in Praga lebte. Sie wehrte sich vor allem gegen die sogenannte Reprivatisierungsmafia. Vor etwa zehn Jahren entschied die polnische Regierung, dass ehemalige Eigentümer von Immobilien, die nach dem Zweiten Weltkrieg von den Kommunisten enteignet worden waren, unter bestimmten Bedingungen ihr Eigentum zurückbekommen konnten. Innerhalb kürzester Zeit entstand eine Art Reprivatisierungsmafia, die mit Druck und Gewalt ahnungslose Mieter aus ihren Wohnungen vertrieb.

Jolanta Brzeska war zwar eine kleine Frau, aber sie war auch ausgesprochen tapfer. Leider war sie zu tapfer. Im März 2011 wurde sie tot in einem Wald außerhalb Warschaus aufgefunden. Ob sie von Leuten aus dem Umfeld der Reprivatisierungsmafia ermordet wurde, konnte nie bewiesen werden. Für die Mieterbewegung in Warschau aber ist Jolanta Brzeska eine Heldin. Sie wird an verschiedenen Orten in der Stadt geehrt, zum Beispiel im Viertel Sielce, wo ein Platz nach ihr benannt worden ist: Skwer Jolanty Brzeskiej.

Adresse Ulica Wilenska 9, 03-409 Warschau | ÖPNV Metro M2, Haltestelle Dworzec Wileński, von dort etwa zehn Minuten zu Fuß | Tipp Bei einem Spaziergang durch Praga kann man noch viele weitere, zum Teil riesige Graffiti an den Hauswänden entdecken.

33 Die Getto-Mauer

Zeuge der Hölle

Wirklich breit ist sie nicht, die Mauer im Hinterhof der Ulica Sienna 55. Verblasste rote Backsteine, bröckelige Fugen, eine von Wind und Wetter gezeichnete Wand. Hoch ist sie dagegen schon, etwa drei Meter, denn keiner sollte rüberklettern können.

Es handelt sich um eines der letzten Stücke der Gettomauer, ganz in der Nähe des Zentrums. Wer diesen Ort nicht kennt, läuft ahnungslos am Tor vorbei, durch das man in den Hinterhof gelangt. Hier, wo sich einst das jüdische Getto befand, stehen nun hohe Wohnblöcke, die nach dem Zweiten Weltkrieg gebaut wurden.

Ein paar spanische Touristen stehen vor dem Mauerstück und fotografieren den Erinnerungstext, der an der Wand hängt. Daneben kann man auf einem Stadtplan den gesamten Verlauf der Gettomauer sehen. Davor liegen Blumen, jemand hat einen vom Regen verwässerten persönlichen Text an einen Geliebten zurückgelassen.

Das jüdische Getto wurde Mitte 1940 von den deutschen Besatzern eingerichtet und existierte bis Mai 1943. Es war der größte »jüdische Wohnbezirk« in ganz Europa. Hier versuchten auf kleinstem Raum Hunderttausende unter katastrophalen Bedingungen zu überleben. Viele Erwachsene und Kinder starben im Getto an Krankheiten oder Unterernährung. Die Leichen lagen oft tagelang auf der Straße.

Nach der Niederschlagung des Aufstands deportierten oder erschossen die Deutschen die letzten 56.000 der insgesamt etwa 350.000 jüdischen Bewohner und zerstörten danach das ganze Getto. Vorher war der Großteil der Juden bereits mit Zügen nach Treblinka abtransportiert worden, wo sie vergast wurden.

Von der damals etwa 18 Kilometer langen Mauer mit ursprünglich 22 Toren ist fast nichts übrig geblieben. Nur an drei Orten und auf dem jüdischen Friedhof gibt es noch ein paar Meter erhaltene Mauer. Sie erinnern für immer an die Hölle, die hier für Hunderttausende Wirklichkeit wurde.

Adresse Ulica Sienna 55 (Hinterhof), 00-820 Warschau | **ÖPNV** Metro M2, Haltestelle Rondo ONZ | **Öffnungszeiten** der Hinterhof kann jederzeit besucht werden | **Tipp** Auf der anderen Straßenseite am Haus mit der Nummer 45 gibt es ein riesiges Anti-Kriegs-Mural (Wandbild), das von dem berühmten Street-Art-Künstler Blu stammt.

34_Das gigantische Wohnviertel

Sozialistischer Neubau für das Volk

Bis zum Zweiten Weltkrieg war fast die Hälfte der Einwohner von Warschau jüdisch. Nach der völligen Vernichtung durch die Deutschen war vom ehemaligen jüdischen Viertel westlich des Stadtzentrums nichts mehr übrig geblieben. Dort, wo sich im Krieg das Getto befunden hatte, war nur noch eine endlose Schuttfläche. Genau hier ließen die Kommunisten ab Mitte der 1960er Jahre ein neues, riesiges Wohnviertel bauen. Bis 1972 schossen hier 19 Wohnblöcke mit jeweils 15 Stockwerken in die Höhe. In jedem der Blöcke gab es Wohnungen für etwa 1.000 Menschen. Zusammen mit einigen kleineren Wohngebäuden entstand so innerhalb von sieben Jahren das Viertel »Za Żelazna Brama« (Hinter dem Eisernen Tor), in dem etwa 25.000 Einwohner zu Hause sind.

Auf den ersten Blick sehen die Gebäude aus wie klassische Plattenbauten. Sie sind es aber nicht, denn die Wände bestehen aus Hohlsteinen und teilweise aus Beton. Geplant war von Anfang an ein sozialistisches Musterviertel ohne jeglichen dekadenten Luxus. Deswegen gibt es zum Beispiel keine Balkone. Die Wohnungen sind relativ klein, und viele Küchen haben keine Fenster. Viele Singles und Kinderlose leben hier. Angeblich wurde in der Planungsphase sogar überlegt, in jedem Geschoss Gemeinschaftsbäder zu bauen, aber diese Idee wurde dann doch verworfen. Die Bereiche vor den Aufzügen sind zum Teil relativ großzügig gestaltet, da sie als gemeinsamer Aufenthaltsort dienen sollten. Diesen Zweck erfüllten sie allerdings nie.

Obwohl die Wohnungen nicht die attraktivsten sind, ist das Viertel nach wie vor beliebt, vor allem wegen seiner zentralen Lage. Außerdem sind zwischen den Wohnblöcken breite Grünstreifen angelegt. Ein Teil von ihnen wurde seit den 1990er Jahren an Investoren verkauft. Ein sozialistisches Musterviertel ist dies mittlerweile also nicht mehr. Aber 25.000 Menschen wohnen hier noch immer.

Adresse Ulica Żelazna und Umgebung, 00-824 Warschau | **ÖPNV** Bahnhof Warszawa Ochota, das Wohngebiet liegt von dort aus im Norden | **Öffnungszeiten** von außen jederzeit zu besichtigen | **Tipp** Zum (ehemaligen) sozialistischen Musterviertel gehört ein (ehemaliges) sozialistisches Mittagessen, das man in der Bar »Mleczny Śmietanka Towarzyska« serviert bekommt (Ulica Twarda 56).

35 Das Grab des Barden

Der größte polnische Sänger aller Zeiten

Die Briten haben die Beatles und die Rolling Stones, die Polen haben Czesław Niemen. Entschuldigung, Czesław wer ...? Obwohl der polnische Musiker schon in den 1970er Jahren im »kapitalistischen Westen« auftreten durfte, kennt heutzutage im Ausland kaum noch jemand diesen Sänger. In Polen selbst ist das komplett anders: Der 2004 verstorbene Niemen wurde von seinen Landsleuten vor Jahren zum bedeutendsten polnischen Künstler aller Zeiten gewählt. Er spielte Rock, Blues und progressive Musik.

So wie viele andere polnische Berühmtheiten hat auch der charismatische, schwermütige Niemen die letzte Ruhe auf dem Powązki-Friedhof im Nordwesten Warschaus gefunden. Der Friedhof ist mit seinen endlosen Gräberreihen unter alten Eichen eine riesige Oase der Ruhe inmitten der hektischen Stadt.

Leider fehlt am Eingang eine Übersicht der bekannten Personen, die hier bestattet worden sind. Deswegen gehe ich einfach durch die Reihen der Gräber und gerate zufällig mitten in eine Beerdigung. Zwei Männer ziehen auf einem Wagen einen mit Blumen bedeckten Sarg über den Pfad. Ein Geistlicher in weißer Robe und mit der typisch polnischen lila Kopfbedeckung führt die kleine Gruppe der Trauernden an. Sie zwängen sich an einem alten Lkw vorbei, in dem zwei Friedhofsmitarbeiter gerade ihr Mittagsnickerchen machen.

Nach einer Weile finde ich die letzte Ruhestätte von Polens berühmtestem Barden aller Zeiten. Niemens Asche ist in einer Wand mit vielen anderen Gräbern beigesetzt. Blumen schmücken sein Grab, sowie Texte, die an seine Musik erinnern, wie zum Beispiel »Dziwny jest ten swiat« (Seltsam ist diese Welt). Etwa 100 Kerzen brennen vor seinem Grab. Auch Bilder von Niemen hängen dort, sie zeigen den Sänger mit Hut und Vollbart. Sein Lied »Sen o Warszawie« (Traum über Warschau) wurde so etwas wie die inoffizielle Hymne der polnischen Hauptstadt. In ihr lebt sein Geist weiter.

Adresse Ulica Powązkowska 14, 01-797 Warschau | ÖPNV z. B. Bus 103, Haltestelle Ostroroga | Öffnungszeiten täglich 7–20 Uhr | Tipp Nicht weit entfernt Richtung Nordwesten kann man auf dem Flohmarkt »Bazar na Kole« herrlich herumstöbern.

36 Das Grab des Generals

Der Mann, der das Kriegsrecht ausrief

Es war die gefühlt kälteste Phase im Polen der Nachkriegszeit: die 1980er Jahre, als die Wirtschaft am Boden lag, weite Teile des Volkes der Gewerkschaft Solidarität beitraten und das Regime letztendlich das Kriegsrecht ausrief. Der verantwortliche Machthaber damals: Wojciech Jaruzelski, Armeegeneral, Ministerpräsident und Erster Sekretär der Polnischen Vereinigten Arbeiterpartei. 1923 geboren, wurde er im Zweiten Weltkrieg von den Sowjets ins Altaigebirge in Zentralasien deportiert, wo er in den Bergen im Schnee Holz hacken musste. Hier wurde die Hornhaut seiner Augen dauerhaft geschädigt, weshalb er später immer eine Brille mit dunklen Gläsern trug, was ihm dem Spitznamen »der Schweißer« eintrug.

Nachdem Jaruzelski nach dem Krieg nach Polen zurückgekehrt war und Karriere innerhalb der Armee und der Partei gemacht hatte, verhängte er am 13. Dezember 1981 das Kriegsrecht, um den wachsenden Einfluss der Gewerkschaft Solidarität einzudämmen. Während das Kriegsrecht herrschte, fuhren Panzer durch die Straßen, und oft war die Elektrizität abgeschaltet. In den Läden gab es kaum etwas zu kaufen, im Fernsehen nichts zu sehen, größere Versammlungen waren verboten. Eine bleierne Stimmung erfasste das Land.

Jaruzelski, der fast immer in Armeekleidung auftrat, blieb bis Dezember 1990, als Gewerkschaftsmann Lech Walesa die ersten freien Wahlen in Polen gewonnen hatte, an der Macht. Das Volk hatte Jaruzelski wegen der Ausrufung des Kriegsrechts immer gehasst. Er selbst hat dagegen seine Entscheidung mit der Aussage verteidigt, dass andernfalls ein Einfall sowjetischer Truppen in Polen unvermeidbar gewesen wäre. Die polnische Justiz klagte Jaruzelski 2006 wegen kommunistischer Verbrechen an. 2014 starb er nach jahrelanger schwerer Krankheit. Er wurde auf dem Powązki-Friedhof begraben.

Nur ein Wort steht auf seinem Grab: *Żolnierz*. Jaruzelski war ein Soldat.

Adresse Ulica Powązkowska 43/45, 01-797 Warschau | ÖPNV Bus 103, 122, 180, 409, Haltestelle Powązki – Cmentarz wojskowy | Öffnungszeiten täglich 7–20 Uhr | Tipp Auf dem Friedhof sind auch viele andere berühmte Polen bestattet, wie zum Beispiel Bolesław Bierut, der von 1947 bis 1952 Staatspräsident war.

37 Die Grenzüberwacher

Unbekannt und unbeliebt

Eines der größten menschlichen Dramen in der jüngsten Vergangenheit spielte sich ab, als 2015 ein Flüchtlingsstrom aus dem Süden und Osten Richtung Europäische Union einsetzte. Millionen von Menschen kamen, und weitere Millionen würden gern kommen. Um den Schutz der Außengrenzen der Europäischen Union zu koordinieren, wurde 2004 eine zentrale europäische Behörde geschaffen. Ihr Name: Frontex. Ihr Jahreshaushalt: mehr als 300 Millionen Euro. Ihr Hauptsitz: Warschau.

Die polnische Hauptstadt ist vielleicht nicht der erste Ort, an den man denkt, wenn es um Flüchtlingsströme in Richtung EU geht. Schließlich führt die berüchtigte Balkanroute, die bisher von den meisten Flüchtenden benutzt wurde, nicht durch Polen.

Ende 2021 begann jedoch auch Polen in das Migrationsgeschehen involviert zu sein. Der belarussische Machthaber Alexander Lukaschenko schickte Tausende Menschen aus Afrika und Asien Richtung belarussisch-polnische Grenze, womit er Druck auf die EU ausüben wollte, um die Sanktionen gegen sein Regime aufzuheben. Die polnische Armee riegelte die Grenze aber hermetisch ab. Nur wenigen Geflüchteten gelang die Einreise in die EU.

Was auch immer damals der Grund gewesen sein mag, Polen wurde als Sitz von Frontex ausgewählt. Die Grenzschutzagentur ist inzwischen in einem nagelneuen Glaspalast westlich des Stadtzentrums untergebracht. Der »Warsaw Spire« wurde 2016 fertiggestellt und ist mit einer Höhe von 220 Metern das höchste Bürogebäude Polens.

Obwohl Frontex sich als Teil der neuen schönen, heilen Welt präsentiert, wird penibel darauf geachtet, dass hier keine unerwünschte Person auftaucht. Fotografieren in der Umgebung ist nicht gewollt, das machen die Angestellten einer Sicherheitsfirma schnell deutlich. Es geht schließlich um unser aller Sicherheit. Heißt es. Das kann man auch anders sehen. Das riesige Bürogebäude ist trotzdem beeindruckend.

Adresse Plac Europejski 6, 00-844 Warschau, www.frontex.europa.eu | ÖPNV Straßenbahn 1, 9, 14, 22, 24. Haltestelle Muzeum Powstania Warszawskiego | Öffnungszeiten nur von außen zu besichtigen | Tipp Auf dem angrenzenden Plac Europejski steht in riesigen Buchstaben »kocham Warsza*wę*« (ich liebe Warschau) geschrieben – ein beliebtes Fotomotiv.

38 Der Gullydeckel

Ab in die Finsternis

Einen Gullydeckel, wer fotografiert denn so was? Normalerweise wohl kaum jemand, aber dieser Kanaldeckel ist es wert. Das schwere Stück Gusseisen diente während des Zweiten Weltkriegs nämlich als Abdeckung, unter dem sich ein Abstieg in den Untergrund befand. Wer hier runterkletterte, wusste nicht, ob er wieder lebend rauskommen würde. Und viele kehrten tatsächlich niemals zurück.

Im August und September 1944 wütete in Warschau ein heroischer Aufstand gegen die Nazis, die zu diesem Zeitpunkt schon etwa ein Drittel der Bevölkerung der Hauptstadt ermordet hatten. Aus schierer Verzweiflung begannen sich die Warschauer am 1. August 1944 zur Wehr zu setzen, mit Stöcken, Steinen und ein paar Schusswaffen, die sie hatten auftreiben können. Der Aufstand wurde niedergeschlagen, am Ende waren weitere 200.000 Polen tot.

Während des Aufstands stiegen hier, wo heutzutage die Pkws vorbeirasen, die Widerstandskämpfer in die Unterwelt hinab. Junge Pfadfinder nutzten die Abwasserkanäle für die Verbreitung von Nachrichten. Widerstandskämpfer stiegen hinunter, um sich über die Stadt zu verteilen, bereit für ihren wahrscheinlich letzten Einsatz, einen Kampf auf Leben und Tod. Später wurden die Kämpfer in den unterirdischen Kanälen in Spielfilmen als Helden dargestellt, aber das, was sie dort erlebt haben, muss furchtbar gewesen sein.

In engen Kanälen, gefüllt mit Gülle und bevölkert von Ratten, wo man manchmal kaum den Kopf über die stinkende Brühe halten konnte, mussten sich die jungen Männer und Frauen in der Dunkelheit orientieren. Die Nazis wussten von dem Kanalsystem und ließen regelmäßig tödliche Gase in die Kanalisation einleiten wie auch explosive Stoffe, die sie anzündeten.

Der Gullydeckel erinnert an die Grausamkeiten des Zweiten Weltkriegs, in dem am Ende etwa 60 Prozent der Bevölkerung der polnischen Hauptstadt ermordet worden waren. Nie wieder Krieg!

Adresse Ulica Długa 23, 00-263 Warschau | ÖPNV Bus 100, 116, 178, Haltestelle Plac Krasińskich 02 | Tipp Gleich westlich befindet sich der Ogród Krasińskich, eine schöne Parkanlage mit Palast, Teich und interessanten Sichtachsen.

39 Das halbe Auto

Sowjetischer Oldtimer mit polnischem Namen

Huch, was machen denn die roten Autos hier am Straßenrand? Wer nördlich des Zawiszy-Platzes Ausschau hält, staunt nicht schlecht, denn hier stehen ganz prominent zwei knallrote Oldtimer. Na ja, zwei … Eigentlich sind es nur anderthalb Autos, denn das eine ist in der Mitte durchtrennt worden, und es sieht aus, als ob es gerade aus der Wand gefahren kommt.

Die roten Oldtimer heißen offiziell »Warszawa Pobeda«. Ursprünglich wurden sie ab 1946 in der Sowjetunion produziert. Eigentlich sollten die Wagen »Rodina« (auf Deutsch: Heimat) heißen, aber so kurz nach Ende des Zweiten Weltkriegs entschied sich die Führung der UdSSR für »Pobeda« (auf Deutsch: Sieg).

In den Folgejahren liefen Zehntausende GAZ M20 Pobeda in der Sowjetunion vom Band. In den 1950er Jahren gaben die Sowjets dem kommunistischen Bruderland Polen die Erlaubnis, ebenfalls diesen Wagen zu produzieren. Daraus wurde dann der Warszawa Pobeda. Etwa 250.000 Stück wurden in den FSO-Werken in Warschau gebaut. Zunächst sahen der polnische und der sowjetische Typ exakt gleich aus; erst nach einigen Jahren nahmen Ingenieure einige Veränderungen an der polnischen Variante vor.

Vielen Autofahrern gefiel damals der stilvolle Wagen, der mit seinem »Buckelrücken« und verchromten Kühlergrill wie ein amerikanischer Schlitten aussah. Die Kapazität des Motors ließ dagegen zu wünschen übrig. Mit seinen vier Zylindern war er eigentlich nicht stark genug für die schwere Karosserie.

Auch der aus Polen stammende spätere Papst Johannes Paul II. fuhr in den 1960er und 1970er Jahren einen Pobeda. 2006 wurde sein Wagen für fast 100.000 US-Dollar bei eBay versteigert.

Heutzutage ist der Pobeda komplett aus dem Straßenbild verschwunden. Mittlerweile gilt der Wagen als begehrter Oldtimer, der gern für Hochzeiten gemietet wird. Also, falls Sie in Polen heiraten möchten, wissen Sie jetzt, wo Sie einen Pobeda finden können …

Adresse Ulica Towarowa, nördlich vom Plac Zawiszy, 00-869 Warschau | ÖPNV Metro M2, Haltestelle Rondo Daszyńskiego, von dort ein paar hundert Meter zu Fuß Richtung Süden | Tipp Nur etwa 200 Meter entfernt lädt die »Niewidzialna Wystawa«, also grob übersetzt die »Unsichtbare Ausstellung«, zu einem ganz besonderen Erlebnis ein. In diesem Museum ist der Besucher aufgefordert, all seine Sinne zu nutzen (Aleje Jerozolimskie 123a).

40 Das Hammer-Gebäude

Wo früher hohe Parteifunktionäre wohnten

Ab den 1960er Jahren und bis in die 1980er Jahre hinein entstanden in vielen Ländern weltweit riesige, klobige Gebäude aus Beton in einem Baustil, der wegen seiner krassen, herben Ausstrahlung »Brutalismus« genannt wurde. Die Meinungen über den Brutalismus sind geteilt: Architekturfans hassen oder lieben ihn. Ich gehöre zu den Letzteren.

Auch in Polen ließen sich Architekten von diesem Baustil inspirieren. Ein faszinierendes Beispiel kann man an der Ulica Smolna besichtigen: ein 19-stöckiges Hochhaus, das 1976 fertiggestellt wurde.

Ursprünglich sollte es ein Hotel für Polen werden, die im kapitalistischen Ausland wohnten und zu Besuch in ihre Heimat kamen. Bezahlt hätten sie in Dollars. Dann gab es aber eine Planänderung, und so entstand ein exklusiver Wohnkomplex mit 140 Apartments für hohe Parteifunktionäre. Das Gebäude verfügte über die schnellsten Aufzüge des Landes, die Bäder waren mit Bidets ausgestattet. Wer hier eine Wohnung erwerben wollte, musste zu kommunistischen Zeiten mit Westgeld bezahlen.

Bis zum heutigen Tag fasziniert das Hochhaus vor allem wegen der oberen Etagen, die teilweise über das Gebäude hinausragen. Daher kommt auch sein Spitzname »der Hammer«. Dort oben in 65 Meter Höhe gab es zu Zeiten der Volksrepublik auf zwei Etagen eine Bar namens »Akropolis«, von der aus die Gäste eine spektakuläre Aussicht über die Stadt und die Weichsel hatten. Als 1989 die politische Wende kam, zog vorübergehend eine andere Bar ein, das illegale »Top Floor«.

Seit einigen Jahren steht das Hochhaus auf der Denkmalliste der polnischen Hauptstadt, macht aber einen verfallenen Eindruck. Schade, denn »der Hammer« hat Charakter. Leider ist es unmöglich, die oberen Stockwerke zu besuchen. Vielleicht hat es damit zu tun, dass sich in der Vergangenheit mehrere Menschen vom Dach herunterstürzten …

Adresse Ulica Smolna 8, 00-375 Warschau | **ÖPNV** Bahnhof Warszawa Powiśle, von dort fünf Minuten zu Fuß | **Öffnungszeiten** nur von außen zu besichtigen | **Tipp** Wer sich für zeitgenössische Kunst interessiert, sollte die renommierte Kunstgalerie »Foksal« in der nahe gelegenen Ulica Foksal (Hausnummer 1) aufsuchen.

41 Das Handgranaten-Mosaik

Die Jahre des sozialistischen Wiederaufbaus

Am Verkehrskreisel Charles de Gaulle im Zentrum befindet sich oberhalb vom Eingang des Zeitschriftenladens »Empik« ein faszinierendes Mosaik. Rechts von dem Laden steht ein stilvoller Bau, der wie ganz viele Warschauer Gebäude in den 1950er Jahren hochgezogen wurde. Auf seiner Fassade steht in riesigen Buchstaben eingemeißelt: *Cały narod buduje swoja stolice.* Auf Deutsch: »Das ganze Volk baut unsere Hauptstadt auf«. Dies war einer der meistgehörten Propagandasprüche während der Aufbauphase der Volksrepublik. Nachdem im Krieg etwa 90 Prozent aller Gebäude in Warschau beschädigt oder zerstört worden waren, setzte in den Folgejahren ein enormer Bauboom ein.

Auch andere Städte im ganzen Land wurden innerhalb von zehn Jahren wiederaufgebaut. Und alle halfen mit, Frauen, Kinder, russische und polnische Soldaten, Intellektuelle, Arbeiter und Freiwillige aus ganz Polen. Baumaterial kam aus der ganzen Republik, Geld wurde vor allem für den Wiederaufbau der Hauptstadt bereitgestellt.

Auch das Haus mit dem eingemeißelten Schriftzug war während des Kriegs beschädigt worden. Wer sich das Mosaik aus roten und schwarzen Steinen daneben genauer anschaut, erfährt, wie es zu den Kriegsschäden an diesem Gebäude kam. Der kräftige Mann auf der linken Seite hält nämlich etwas in der Hand. Es ist eine Granate. Neben ihm steht eine kleine Frau, fast noch ein Kind, mit einer Pistole in der Hand. Und es gibt noch eine dritte Person. Sie alle waren Mitglieder des Warschauer Widerstands. Die Untergrundkämpfer haben 1942 und 1943 zweimal ein Attentat auf das Gebäude nebenan verübt, denn damals befand sich hier ein Café, in das nur deutsche Gäste reindurften. Zweimal wurden Granaten in das Café geworfen, zweimal wurden mehrere Deutsche verletzt.

Immer mehr Mosaike aus sozialistischer Zeit verschwinden aus dem Straßenbild. Zum Glück ist dieses Mosaik noch da.

Adresse Nowy Świat 15/17, 00-029 Warschau | ÖPNV Straßenbahn 7, 9, 22, 24, 25. Haltestelle Muzeum Narodowe | Tipp Auf der anderen Seite des Verkehrskreisels steht ein Denkmal, das an Charles de Gaulle erinnert. Er hat nach dem Ersten Weltkrieg eine Zeit lang in Warschau gelebt und die Polen beim Wiederaufbau ihrer Armee unterstützt.

42 Das Haus des Schriftstellers

Ist das noch ein Denkmal, oder kann das schon weg?

Wer es nicht weiß, spaziert an dieser einsturzgefährdeten Bretterbude im Mokotowskie-Park einfach vorbei. Und wundert sich höchstens, warum sie hier steht. Am besten schnell weg damit! Oder doch nicht?

Nein, vielleicht lieber doch nicht. Denn es handelt sich um eines der letzten Holzhäuser, die es hier auf dem riesigen Parkgelände noch gibt. Ursprünglich waren es 167 Häuschen, die hier nach dem Zweiten Weltkrieg gebaut wurden. Simpel, ohne Bad, ohne Heizung, ohne Elektrizität, waren sie Teil der Reparaturzahlungen Finnlands an die Sowjetunion (siehe auch Ort 23). Der große kommunistische Bruder ließ sie nach Warschau bringen, um die dort herrschende Wohnungsnot zu lindern.

Nicht nur wegen ihrer Geschichte sind die Häuser interessant, sondern auch, weil gerade in diesem letzten Häuschen von 1946 bis 1955 einer der bekanntesten polnischen Autoren gewohnt hat: Ryszard Kapuściński. Der 1932 geborene Pole erlebte hier glückliche Nachkriegsjahre, wie er später einmal schrieb. Kapuściński reiste in den 1950er und 1960er Jahren durch Asien und Afrika und schrieb darüber Bücher, die ihn berühmt machten. Später war er als Korrespondent in Lateinamerika tätig. Nachdem er 2007 in Warschau gestorben war, entbrannte eine große Kontroverse über Kapuścińskis Biografie. Dem Schriftsteller wurde vorgeworfen, es mit der Wahrheit nicht so genau genommen zu haben. Außerdem soll er zeitweise für den polnischen Geheimdienst gearbeitet haben. Trotz allem wird Kapuściński, der zahlreiche Preise gewann, weiterhin als einer der größten polnischen Schriftsteller betrachtet.

Sein ehemaliges Wohnhaus ist inzwischen unbewohnbar. Es steht zwar unter Denkmalschutz, doch Regen sickert durch das Dach, nur hin und wieder nutzt ein Obdachloser es mal als Schlafplatz. Wenn Sie es also sehen möchten, dann warten Sie nicht zu lange, denn das Häuschen könnte jeden Moment zusammenkrachen. Ob die Stadtverwaltung es noch retten kann, ist ungewiss.

Adresse Ulica Leszowa 3, 02-000 Warschau | ÖPNV Bus 128, 175, 188, Haltestelle Banacha – Szpital 02, am Eingang des Parks gibt eine Infotafel Auskunft darüber, wie Sie zu dem Haus gelangen | Tipp An dem kleinen See im Mokotowskie-Park steht eine außergewöhnliche Sehenswürdigkeit: das »Denkmal für den glücklichen Hund«!

43 Die Helden der Arbeit

Wächter der sozialistischen Verfassung

Es gab sie einmal, die Helden und Heldinnen der Arbeit. Kräftige Männer und Frauen mit Helmen, Schaufeln, Schubkarren und Bohrern … Zur Sonne, Kameraden, vorwärts Richtung sozialistisches Paradies!

Wer imposante Skulpturen von sozialistischen Musterarbeitern aus der Anfangsphase der polnischen Volksrepublik sehen will, sollte sich zum Platz der Verfassung, der Plac Konstytucji, begeben. Jüngeren Polen sagt dieser Name heutzutage kaum noch etwas, aber an diesem Ort wurde am 22. Juli 1952 Polens neue sozialistische Verfassung gefeiert. Der Text der Verfassung ist noch immer in den Fußgängerbereichen des Platzes zu lesen.

Polnische Schüler aus der Hauptstadt mussten zu sozialistischen Zeiten immer am Jahrestag mit Flaggen zu einer Parade an diesem Ort erscheinen, erzählte mir mal ein polnischer Freund. »Ich habe dann immer dafür gesorgt, dass meine Lehrerin mich morgens gesehen hat. Danach bin ich sofort verschwunden und hatte den ganzen Tag frei, haha.«

Weil die damalige Verfassung aus der stalinistischen Ära stammt, ist der Name des Platzes umstritten. 1999 kam der Vorschlag auf, ihn nach Ronald Reagan zu benennen, was jedoch abgelehnt wurde.

Auch wenn der Sozialismus gescheitert ist: Der Platz ist nach wie vor beeindruckend. An zwei Seiten ist er gesäumt von schönen Läden und hohen Arkaden, an deren Decken herrliche Mosaike sozialistische Idealbilder darstellen. Bauern und Ingenieure arbeiten hier gemeinsam am Aufbau der Republik.

An der Südseite des Platzes entstand in den 1980er Jahren der riesige MDM-Wohnkomplex, inklusive einem Hotel für ausländische Gäste, die hier ihre Dollars ausgaben. Entlang der südlich gelegenen Ulica Marszalkowska stehen weitere sozialistische Helden aus Stein. Heutzutage eilen die meisten Warschauer an den meterhohen Skulpturen vorbei, ohne ihnen Aufmerksamkeit zu schenken.

Adresse Plac Konstytucji, 00-647 Warschau | ÖPNV Bus 131, 501, 519, 522, 525, Haltestelle Plac Konstytucji | Tipp Weiter südlich am Plac Zbawiciela können Sie die schöne Zbawiciel-Kirche besichtigen. In dem weißen Barockbau betete der polnische General Haller 1920 kurz vor der berühmten Schlacht an der Weichsel gegen die russische Armee für das Wohl seiner Soldaten.

44 Das Henkerhaus

Ob scharf oder stumpf, am Ende wurde gestorben

Nur ein paar Minuten vom zentralen Marktplatz entfernt steht das ehemalige Henkerhaus von Warschau. Dort, wo im Sommer Touristen ihre Piroggen auf der Außenterrasse des Restaurants nebenan essen, wohnte im Mittelalter der Scharfrichter der Stadt.

Die Rückseite des Hauses grenzt unmittelbar an die historische Stadtmauer, so als hätte der Henker »Rückendeckung« gebraucht. Gleich daneben befindet sich ein schmaler Durchgang, das sogenannte Metzgertor. Von hier aus gelangt man durch die Wehrmauer zu einer Brücke über dem ehemaligen Wehrgraben und kann die Altstadt verlassen.

Der königliche Henker hatte im Mittelalter einen schwierigen, aber auch lukrativen Job, denn er konnte auf verschiedene Weise Geld verdienen. So wurde er nicht nur vom König für die Hinrichtungen bezahlt, sondern er hatte auch ein Monopol auf fast alle Bordelle in der Stadt. Sogar das Henkerhaus selbst diente laut Legenden als »öffentliches Haus«.

Bei der Ausübung seiner Haupttätigkeit besaß der Henker einiges an Spielraum. So konnte er zwischen einem scharfen und einem stumpfen Schwert wählen und das Leiden des Verurteilten entweder schnell beenden oder aber verlängern. Anscheinend zahlten die Reichen für eine zügige Hinrichtung, während die Armen von der Stimmung des Henkers abhängig waren.

Ob die Hinrichtungen auf dem Platz vor dem Henkerhaus stattfanden, ist nicht bekannt. Das ursprüngliche Haus des Henkers verfiel schon vor Hunderten von Jahren. An derselben Stelle entstand im 18. Jahrhundert ein Mietshaus, das während des Zweiten Weltkriegs schwer beschädigt und im Zuge des Wiederaufbaus der Warschauer Innenstadt wieder neu aufgebaut wurde.

Seit den 1960er Jahren beherbergt das Haus die Vertretungen der verschiedenen Handwerksgilden. Doch auch heute noch wird es »Henkerhaus« genannt. Köpfe rollen hier aber keine mehr …

Adresse Ulica Szeroki Dunaj 13, 00-255, Warschau | **ÖPNV** Straßenbahn 4, 13, 20, 26, Haltestelle Stare Miasto 02, mit der Rolltreppe hinauf, dann etwa 300 Meter zu Fuß an der Stadtmauer entlang | **Öffnungszeiten** nur von außen zu besichtigen | **Tipp** Etwa 100 Meter entfernt befindet sich das Barbakan, ein riesiges Tor aus rotem Backstein, das Teil der Festungsanlage aus dem 16. Jahrhundert ist.

45 Das Herz in der Kirche

Wie seine Schwester Chopin nach Polen brachte

Mitten im Zentrum, an der sogenannten königlichen Strecke, steht die barocke Heilig-Kreuz-Kirche. Ältere Damen mit Wollmützen sitzen auf den Bänken und schicken Gebete Richtung Altar, wo Jesus am Kreuz hängt.

Was nur wenige ausländische Besucher wissen: Eine der Säulen im Kircheninneren birgt eine Art Schatz. Denn hier wurde 1879 das Herz von Fryderyk Chopin eingemauert.

Der polnische Komponist mit französischem Vater starb jung, im Alter von nur 39 Jahren, 1849 in Frankreich. Noch auf dem Totenbett verfügte er, dass nach seinem Ableben sein Herz herausoperiert werden sollte, damit Ärzte untersuchen könnten, an welcher Krankheit er denn gestorben sei. So geschah es dann auch.

Danach brachte seine ältere Schwester Ludwika das Herz des Bruders zurück in seine Heimat. Einfach war das nicht, denn damals herrschte Russland über Polen. Falls russische Grenzbeamte das Herz von Chopin gefunden hätten, wäre es mit Sicherheit als nationalistisches Symbol betrachtet und deswegen konfisziert worden. Deswegen versteckte Ludwika es unter ihrem Kleid und schmuggelte es auf diese Weise nach Warschau.

Sie wollte sein Herz an einem würdigen Ort unterbringen und entschied sich für die Heilig-Kreuz-Kirche, damals das größte Gotteshaus der Stadt. In dieser Kirche waren die jüngeren Geschwister von Fryderyk getauft worden. Hier befand es sich zunächst viele Jahre in den Katakomben. Erst 1879 wurde das Gefäß, in dem Chopins Herz, mit Alkohol konserviert, aufbewahrt wird, in die Säule eingemauert. An der Stelle wurde kurze Zeit später ein Epitaph aus Carraramarmor aufgehängt. 2014 wurde das Herz für medizinische Zwecke aus der Säule geholt. Untersuchungen ergaben, dass Chopin wahrscheinlich an einer Herzbeutelentzündung, einer damals noch unbekannten Krankheit, gestorben war. Seitdem ruht das Herz wieder in der Kirche.

Adresse Ulica Krakowskie Przedmiescie 3, 00-047 Warschau, www.swkrzyz.pl | ÖPNV Metro M2, Haltestelle Nowy Świat-Uniwersytet | Öffnungszeiten täglich 6–20 Uhr | Tipp Gegenüber der Kirche steht ein Denkmal für Nikolaus Kopernikus, den bedeutenden Astronomen, der im 16. Jahrhundert mit seiner heliozentrischen Theorie (die Erde dreht sich um die Sonne) das Weltbild revolutionierte.

46 Die Hooligan-Graffiti

Wie die Legia-Fans ihren Verein »ehren«

Kibicy, so werden die polnischen Fußballfans genannt. Mit den harten Jungs vom Warschauer Traditionsverein Legia ist nicht zu spaßen. Sie sind regelmäßig in Prügeleien mit Fans anderer Vereine verwickelt. Tomasz Czerwiński, Polens bekanntester Hooligan, prügelte sich 2016 während eines Auswärtsspiels in Madrid mit zwölf Polizisten. Die »Fans« von Legia werden teilweise als rechtsradikal eingestuft und laufen jedes Jahr am 18. November während der Unabhängigkeitsfeier in vorderster Reihe der Demonstration in Warschau mit, wo bis zu eine Million Teilnehmer »Gott, Ehre, Vaterland« skandieren. Vor ein paar Jahren hielten Legia-Anhänger ein gigantisches Banner hoch, auf dem ein deutscher Soldat einem Kind die Pistole an den Kopf hält, zum »Gedenken« an den Aufstand im Warschauer Getto 1944.

Der Fußballverein Legia Warschau wurde 1916 gegründet und entwickelte schnell eine starke Beziehung zu der Armee. Vor allem zu kommunistischen Zeiten war der Verein fest mit den polnischen Streitkräften verbunden. Im vergangenen Jahrhundert schaffte es Legia, der erfolgreichste Verein Polens zu werden. Er wurde bisher dreizehnmal Meister und gewann neunzehnmal den polnischen Fußballpokal.

Die Hooligans unter den Legia-Fans bringen ihre Verbundenheit mit dem Verein zum Glück nicht nur mit Gewalt zum Ausdruck. Unter einer der großen Verkehrsbrücken in der Nähe des Legia-Stadions gibt es zum Beispiel eine ganze Graffiti-Galerie. Vielleicht ist es nicht die kunstvollste Form von Street-Art, aber beeindruckend sind die Murals allemal. Hier sind vor allem vermummte Fans, viele Totenköpfe und natürlich der Name des Vereins in den Clubfarben Grün, Rot und Weiß zu sehen. Auch einige Spieler werden hier verehrt, darunter Kazimierz Deyna (siehe Ort 102). Wer einen Eindruck von Legia bekommen möchte, kann sich also die Graffiti anschauen. Oder noch besser: Sie gehen direkt ins Stadion, zu einem der Spiele.

Adresse Rondo Sedlacka, 00-449 Warschau | ÖPNV Bus 107, 159, Haltestelle Rozbrat | Tipp Auf dem Weg von der Graffiti-Galerie zum Legia-Stadion kommt man am 1975 gegründeten Kloster Monastica vorbei. Die Brüder und Schwestern wohnen somit mitten in der Hauptstadt.

47 Der islamische Friedhof

Zeuge einer multikulturellen Vergangenheit

Bis zum Zweiten Weltkrieg war Polen ein multiethnisch geprägter Raum, der vor allem im Mittelalter für seine religiöse Toleranz berühmt war. Bis in die 1930er Jahre bestand etwa ein Drittel aller Einwohner Polens aus Deutschen, Russen, Litauern, Ukrainern, Bojken, Lemken, Juden, Weißrussen und Tataren. Dies bedeutet, dass seit Hunderten von Jahren auch eine gewisse Zahl an Muslimen in Polen lebt.

Viele dieser Muslime finden schon seit Ewigkeiten ihre letzte Ruhestätte auf einem der islamischen Friedhöfe im Stadtteil Wola. Als in der zweiten Hälfte des 19. Jahrhunderts der kaukasisch-islamische Friedhof belegt war, wurde 1867 der tatarisch-islamische Friedhof eröffnet. Hier wurden bis zum Ersten Weltkrieg, als Polen zum Russischen Reich gehörte, vor allem muslimische Soldaten der russischen Armee begraben. Später kamen immer mehr Gräber für Tataren dazu, die vor Hunderten von Jahren vom litauischen Großfürsten nach Litauen gebracht worden waren, wo sie eine spezielle Wachgarde bildeten. Im Mittelalter gab es lange Zeit eine mächtige polnisch-litauische Union in diesem Teil Europas.

Jeder, der will, kann den tatarisch-islamischen Friedhof besuchen. Er ist nicht sonderlich groß, dafür aber grün und ruhig. Und auch sehr interessant wegen der vielen alten Grabsteine mit ihren Inschriften in türkischer, arabischer, persischer, kyrillischer und polnischer Sprache. Mehrere der Verstorbenen waren Imame. Manche Gräber sind mit Porträts der Verstorbenen geschmückt.

In dem Moment, als ich den Friedhof verlasse, fragt mich ein Mann, der indischer oder pakistanischer Herkunft zu sein scheint, wer hier begraben werden kann. Ich verweise ihn auf das kleine Büro, dass ich neben dem Eingang gesehen habe. Heutzutage ist in Polen der Anteil der Muslime an der Bevölkerung gering, aber er wird langsam wieder größer. Und auch diese Menschen brauchen irgendwann eine letzte Ruhestätte.

Adresse Ulica Tatarska 8, 01-163 Warschau | ÖPNV Bus 103, Haltestelle Kozielska | Öffnungszeiten Mo–Fr 10–18 Uhr | Tipp In der Nähe befindet sich an der Ulica Kozielska das »Objekt Alfa«, ein Gebäude mit Kellergeschossen, in dem die polnische Armee während des Kalten Kriegs geheime Aktionen plante.

48 Das islamische Zentrum

Warschaus ältestes Gotteshaus für Muslime

Mit Polen verbindet man vor allem einen erzkonservativen Katholizismus. Doch hier lebt schon seit Jahrhunderten auch eine kleine muslimische Minderheit, vor allem im Nordosten des Landes, wo sich im 14. Jahrhundert muslimische Tataren ansiedelten, die ihre Wurzeln auf der Krim hatten.

Die älteste Moschee in Warschau hat damit aber nichts zu tun, denn sie wurde erst Anfang der 1990er Jahre gegründet, erzählt mir Ali Fatih, der Sohn des Gründers der Moschee. Ich treffe ihn im Laden neben dem Gotteshaus, das im wohlhabenden südlichen Teil der Stadt steht. Es ist heiß an diesem Tag, und ich kaufe bei Fatih einen herrlich kühlen Ayran, ein schmackhaftes Joghurt-Getränk.

Fatihs Familie stammt aus dem Irak. In den vergangenen Jahrzehnten kamen mehrere Einwanderer aus dem Nahen Osten nach Polen. Es sind vor allem sie, die die Moschee aufsuchen. Obwohl sich das katholische Polen in den letzten Jahren nicht gerade als muslimfreundlich hervorgetan hat, möchte Fatih nicht in den Irak zurückgehen. »Was soll ich denn dort?«, meint er. »Da herrscht doch Chaos und Krieg. Dann bin ich lieber in Polen.«

In den 1980er Jahren gab es einen regen Austausch zwischen der Volksrepublik Polen und der arabischen Welt. Syrische, irakische und libysche Studenten wurden von deren sozialistischen Regierungen ins ebenso sozialistische Bruderland Polen geschickt, wo sie nach einjährigem intensiven Sprachunterricht eine Ingenieursausbildung erhielten. Einige von ihnen sind dauerhaft in Polen geblieben. Polnische Ingenieure arbeiteten währenddessen gegen gute Bezahlung auf den Ölfeldern und Baustellen in den arabischen Ländern.

Fatihs Familie kümmert sich seit Jahren um die relativ unauffällige Moschee, die sich offiziell als »Islamisches Zentrum« bezeichnet. »Jeder, der unsere Moschee besuchen will, ist willkommen!«, meint Fatih zum Abschied.

Adresse Ulica Wiertnicza 103, 02-952 Warschau | **ÖPNV** Bus 131, 180, Haltestelle Lowcza | **Öffnungszeiten** jeden Tag, am Fr Gebete | **Tipp** Für alle Pärchen, die Warschau besuchen: Etwa 500 Meter Richtung Süden, an der Ulica Przyciółkowa 394, befindet sich die kleine »Brücke der Verliebten«. Am besten abends hingehen, denn dann sind die Bögen in Herzform beleuchtet.

49 Das jüdische Theater

Hier wird nur auf Jiddisch gespielt

Jüdische Musik, jüdische Witze, jüdisches Theater: Früher gab es in Warschau jüdische Kultur im Überfluss. Geblieben ist davon heute nur das Esther-Rachel-und-Ida-Kaminski-Theater. Die Kaminskis waren eine Familie von Schauspielern. Ida Kamińska leitete das Haus bis zur antisemitischen Kampagne der kommunistischen Regierung im Jahr 1968. Dann wanderte sie wie viele der anderen letzten in Polen lebenden Juden nach Israel aus.

Das jüdische Theater kam 1955 nach Warschau, nachdem zwei andere Theater in Breslau und Lodz verstaatlicht worden waren und entschieden wurde, das Theater in der Hauptstadt anzusiedeln. Es ist das einzige Theater weltweit, in dem alle Vorführungen auf Jiddisch stattfinden. Für die Zuschauer werden die Stücke simultan über Kopfhörer ins Polnische übersetzt. Das Theater ist ausgesprochen populär: Wer sich eine Aufführung ansehen will, muss Wochen vorher reservieren. Momentan hat das Theater seinen Sitz in der Ulica Senatorska 35, nachdem es das vorherige Gebäude an der Plac Grzybowski verlassen musste, da es, obwohl unter Denkmalschutz stehend, abgerissen wurde. Doch wahrscheinlich wird auch der jetzige Standort nicht von Dauer sein.

Wer sich einen Eindruck von dem kleinen Theater verschaffen möchte, kann ja einfach mal versuchen, dort Tickets zu kaufen. Hinter einem samtroten Vorhang betritt man einen gemütlichen Empfangsraum, von dem aus eine schöne Holztreppe zu den Obergeschossen führt. An den Wänden hängen Bilder von jüdischen Theaterstars des letzten Jahrhunderts. Hinter dem Ticketschalter sitzt eine freundliche ältere Dame. Und draußen, vor der Tür, machen einige Schauspieler Pause und rauchen eine Zigarette.

Kaum zu glauben, dass diese Gegend früher das Herz des jüdischen kulturellen Lebens in Warschau darstellte. Gleich nebenan stand die große Synagoge, die von den Deutschen verwüstet wurde. Wenigstens dieses Theater gibt es noch …

Adresse Ulica Senatorska 35, 00-099 Warschau, www.teatr-zydowski.art.pl | **ÖPNV** Straßenbahn 4, 15, 18, 35, Haltestelle Plac Bankowy | **Öffnungszeiten** die Aufführungen finden in der Regel abends statt, Infos auf der Website | **Tipp** Gleich südlich des Theaters liegt der Sächsische Garten, ein schöner Park. Früher stand hier das Sächsische Palais.

50 Der jüdische Widerstandskämpfer

Ein wahrer Held, der kein Opfer sein wollte

Etwa sechs Millionen Juden wurden während des Zweiten Weltkriegs ermordet, eine unvorstellbare Zahl. Das Land, das am meisten unter den Nazis gelitten hat, war Polen. Fast die gesamte jüdische Bevölkerung wurde ausgelöscht. In Warschau bildeten die Juden fast die Hälfte der Bevölkerung.

Zahlen, Zahlen. Erschreckend, ja. Aber es sind letztendlich die Einzelschicksale, die einem wirklich deutlich machen, was im Krieg passiert ist. Einer der Juden, der in Warschau den Tod fand, aber auf keinen Fall als Opfer in die Geschichtsbücher eingehen wollte, war Mordechai Anielewicz. Er war ein junger Mann, der sich entschied, Widerstand gegen die viel besser bewaffneten Deutschen zu leisten. Er setzte sich vor allem für den Aufbau der Jüdischen Kampforganisation (ZOB) ein.

Nachdem die Deutschen im Sommer 1942 etwa 350.000 Juden aus dem Getto deportiert hatten, lebten nur noch etwa 60.000 dort. Mordechai Anielewicz organisierte den Widerstand gegen die erneuten Deportationen im Januar 1943. Außerdem führte er den großen Aufstand im jüdischen Getto im April 1943 an. Zuerst gelang es dem jüdischen Widerstand, die SS zum Rückzug zu zwingen. Doch kurz darauf kamen die Deutschen verstärkt zurück und brannten das gesamte Getto nieder. Anielewicz, seine Freundin und andere Kämpfer zogen sich schließlich in einen Bunker zurück, den sie selbst gebaut hatten. Seine sterblichen Überreste wurden nie gefunden. In einem Abschiedsbrief schrieb Anielewicz: »Fahre wohl, mein Freund. Der Traum meines Lebens hat sich erfüllt. Der bewaffnete jüdische Widerstand und die Rache sind zur Tat geworden.«

An der Stelle, wo sich der Bunker befand, wurde nach dem Krieg ein Hügel aufgeschüttet, auf dem heute ein Mahnmal zur Erinnerung an Anielewicz und seine Mitkämpfer steht. Hier liegen immer Blumen. Dieser Ort darf nie vergessen werden.

Adresse Ulica Miła 2, 00-001 Warschau | ÖPNV Bus 157, Haltestelle Dzika | Tipp Ein paar hundert Meter weiter nördlich befindet sich der sogenannte Umschlagplatz (Stawki 8). Von dort aus deportierten die Nazis die Bewohner des jüdischen Gettos ins Vernichtungslager Treblinka.

51 Der Kampfclub

Street-Art im Szeneviertel Praga

Keine Wohngegend in Warschau erlebt einen schnelleren Wandel als Praga, und keine Kunstform wandelt sich schneller als Street-Art. Damit ist das Viertel der perfekte Ort für Street-Art.

Wer die neuesten Murals in Warschau sehen will, muss sich beeilen. Denn es gibt keine Garantie, dass das, was heute fertiggestellt wurde, nächste Woche noch da ist. Vor allem in Praga, wo ein neuer Wohnkomplex nach dem anderen entsteht, verschwinden viele Wandbilder innerhalb kürzester Zeit. Dafür werden aber auch wieder neue gemacht.

Eines meiner Lieblings-Murals in Praga heißt »Warsaw Fight Club« und wurde 2015 von dem Iren Conor Harrington während des internationalen »Street Art Doping Festival« angefertigt. Das Bild zeigt zwei klassisch gekleidete Männer, der eine in langem roten, der andere in dunkelgrünem Jackett. Beide Herren tragen hohe weiße Strümpfe, sie sehen aus wie im 18. Jahrhundert. Die beiden bekämpfen sich, aber was genau vor sich geht, ist nicht wirklich gut zu sehen, denn die Konturen sind verschwommen, auch die Gesichter der Männer sind nicht erkennbar. Kämpfende Männer kommen oft in Harringtons Werken vor. Allzu viel ist aber nicht über sein Kunstwerk bekannt.

Ob sein riesiger »Warsaw Fight Club« noch lange zu sehen sein wird, kann kein Mensch sagen. Das Bild befindet sich an der Wand eines Hauses, das an eine Brache grenzt, die zurzeit als Parkplatz genutzt wird. Auf der anderen Straßenseite wird renoviert, an der nächsten Ecke ebenfalls. Es kann also gut sein, dass demnächst auch hier gebaut wird.

Zum Glück ist die Street-Art-Szene in Warschau sehr aktiv, sodass es fast jede Woche etwas Neues zu entdecken gibt. Wer sich für Murals interessiert und mehr über die Kunstwerke erfahren möchte, kann an einer Street-Art-Stadtführung teilnehmen (einfach googeln!). Die meisten Führungen konzentrieren sich auf Praga, und einige sind in englischer Sprache. Sehr empfehlenswert!

Adresse Ulica Środkowa 17, 03-431 Warschau | ÖPNV Straßenbahn 3, 4, 25, Haltestelle Ródnowska | Tipp Wer sich genug Street-Art angeschaut hat und den Abend in Praga verbringen möchte, kann zum Feiern in den Club »Hydrozagadka« gehen (Ulica 111 Listopada).

52 Die Kapellen in Praga

Auch harte Jungs pflegen ihren Glauben

Trotz mehr als 40 Jahren Kommunismus ist Polen noch immer eines der katholischsten Länder der Welt. Wer sich dessen vergewissern will, braucht sich nur einige Innenhöfe der Wohnkasernen im Arbeiterviertel Praga anzuschauen. Denn hier, zwischen heruntergekommenen Backsteinmauern, findet man etwas ganz Besonderes: kleine, sehr gepflegte Kapellen, in denen Maria und andere Heilige verehrt werden.

Ein Großteil der über hundert Kapellen in Praga entstand während des Zweiten Weltkriegs, als die Warschauer unter der Gewalt der Besatzer verzweifelten. Der Krieg war zu Ende, die Kapellen blieben, und sie funktionieren bis zum heutigen Tag als soziale Treffpunkte, wo die Einwohner der Mietskasernen hinkommen, alte Blumen durch neue ersetzen und die Pflanzen drum herum pflegen. Die meisten Kapellen haben sogar Innenbeleuchtung! Dabei passt diese Fürsorglichkeit eigentlich gar nicht zum stereotypen Bild der »harten Jungs«, die hier im Viertel wohnen. Aber wahrscheinlich sind die ruhigen Orte mit Ikonen von Jesus und Maria ein guter Ausgleich für die harte Realität da draußen, auf der Straße.

Einige der schönsten Kapellen sind in der Ulica Zabkowska und der Ulica Brzeska zu sehen. Sie scheinen das einzige Gepflegte in den heruntergekommenen Höfen zu sein … Im Hof der Ulica Brzeska 13 sitzt an diesem schönen sonnigen Tag ein alter Mann mit seinem Mittagsbier an einem Holztisch und genießt das Wetter. Die blau gestrichene hölzerne Kapelle wurde zum Gedenken an die Opfer des Zweiten Weltkriegs errichtet, die hier 1943 starben. Auch am helllichten Tag brennt die Beleuchtung im Inneren zu Ehren der damaligen Opfer.

Besichtigungen der Kapellen in den Innenhöfen sind auf jeden Fall möglich, aber ein gewisses Maß an Respekt ist schon notwendig, denn die Einwohner von Praga mögen es nicht, einfach so als Instagram-Motiv abgelichtet zu werden. Ist doch logisch, oder?

Adresse Ulica Ząbkowska, Ulica Brzeska, 03-737 Warschau | ÖPNV Metro M2, Haltestelle Dworzec Wileński | Öffnungszeiten die Innenhöfe sind zwar immer zugänglich, aber man sollte die Kapellen tagsüber besuchen | Tipp Unternehmen Sie einen ausgedehnten Spaziergang kreuz und quer durch Praga, das sich am schnellsten wandelnde Viertel Warschaus!

53 Das Karikatur-Museum

Polnische Zeichenkunst zum Nachdenken und Schmunzeln

Wer kennt sie nicht, die Karikaturen in der Tageszeitung? Natürlich gibt es die auch in Polen, nur haben sie sich hier zu einer richtigen Kunstform entwickelt. Wer mehr darüber erfahren möchte, der sollte Polens einziges Karikaturen-Museum aufsuchen.

Das Eryk-Lipiński-Museum liegt zwar erstaunlich zentral, nur wenige Meter von der Krakowskie Przedmiescie entfernt, ist aber trotzdem ziemlich unbekannt. Und das, obwohl es die britische Zeitung »The Guardian« vor einigen Jahren zu den zehn besten Museen Europas zählte!

Das kleine weiße Gebäude in der Kozia-Straße diente früher als Orangerie für den benachbarten Stadtpalast. Das Museum erkennt man gleich an der dunkelgrünen Litfaßsäule neben der Eingangstür.

Eryk Lipiński, selbst Zeichner, Satiriker und Journalist, war es, der das Museum 1978 zu kommunistischen Zeiten gründete. Am Anfang stellte er nur eigene Werke aus, später kamen andere polnische und schließlich auch ausländische Künstler dazu. Die Sammlung wuchs beständig und besteht heute aus über 25.000 Karikaturen. Natürlich ist nur ein Bruchteil davon in den zwei Ausstellungsräumen des kleinen Museums zu sehen. Das kann man in 20 Minuten schaffen, aber viele Besucher verbringen hier auch zwei Stunden. Am Eingang gibt es Bücher mit schönen Abbildungen der Karikaturen zu kaufen.

Die Polen waren schon immer Meister des politischen Witzes. Davon zeugen viele der ausgestellten Zeichnungen, die auf subtile Weise die heutige polnische Regierung auf den Arm nehmen. Gründer Lipiński starb übrigens kurz nach der politischen Wende, im Jahr 1991. Kurz vor seinem Tod erhielt er den israelischen Ehrentitel »Gerechter unter den Völkern«, weil er und seine Frau ihr Haus als Versteck für Juden anboten. Außerdem fälschte Lipiński mehrere Dokumente, mit denen Gefangene aus Lagern flüchten konnten. Lipinski überlebte als einer der sehr wenigen das KZ Auschwitz.

Adresse Ulica Kozia 11, 00-070 Warschau, www.muzeumkarykatury.pl | **ÖPNV** Bus 111, 128, 175, 178, 180, Haltestelle Plac Zamkowy 01 | **Öffnungszeiten** Di–So 10–18 Uhr, Eintritt: 7 Złoty | **Tipp** Nur ein paar hundert Meter entfernt, auf dem Adam-Miczkiewicz-Platz, steht ein Denkmal für den berühmtesten polnischen Dichter des 19. Jahrhunderts.

54 Das Kino Iluzjon

Filmvergnügen im Ambiente der fünfziger Jahre

Der polnische Film ist weltberühmt. Namen wie Andrzej Wajda, Agnieszka Holland, Krzysztof Kieslowski oder Roman Polański kennt fast jeder. Viele der polnischen Nachkriegsregisseure erhielten ihre Ausbildung in Łódź, einer grauen Industriestadt 140 Kilometer westlich von Warschau. Dorthin war die Filmakademie der nach dem Zweiten Weltkrieg in Trümmern liegenden Hauptstadt ausgewichen. Anders als ursprünglich geplant blieb sie dort.

Nicht nur das Gebäude der Filmakademie, sondern auch die meisten Kinos in Warschau waren im Krieg zerstört worden. Zu Zeiten der kommunistischen Volksrepublik wurden einige neue Lichtspielhäuser eröffnet. Nicht alle waren hässliche funktionalistische Betonklötze, manche waren durchaus stilvoll, denn Kultur wurde auch von den Kommunisten für sehr wichtig erachtet. Manche sind mittlerweile aber auch schon wieder verschwunden.

Erhalten geblieben ist unter anderem zum Glück das geschmackvolle Gebäude an der Ulica Narbutta 50a. Ursprünglich als Kino »Stolica« bekannt, zog hier 1997 das Kino »Iluzjon« ein. Der Bau mit seinen offenen, runden Formen, den Glasfassaden und Marmorplatten und vor allem dem lila Neonschriftzug auf dem Dach hat das typische Fünziger-Jahre-Flair.

Eigentlich ist das »Iluzjon« kein klassisches Kino, sondern ein Museum für polnische Filmkunst, wo auch Arthouse-Filme gezeigt werden, und zwar ohne Werbung und Popcorn. Manchmal gibt es Sondervorführungen, so werden zum Beispiel digital restaurierte Vorkriegsfilme in Begleitung von Livemusik vorgeführt. Ebenso finden Treffen mit Filmemachern statt. Wer will, kann im »Iluzjon« sogar einen zweijährigen Filmkurs besuchen. Aber wer einfach nur einen Film sehen möchte, auch gut. Und während man auf der schattigen Außenterrasse mit einem Kaffee oder Bier auf den Beginn der Vorstellung wartet, kann man in aller Ruhe das außergewöhnliche Gebäude betrachten.

Adresse Ulica Narbutta 50a, 02-541 Warschau, www.iluzjon.fn.org.pl | ÖPNV Metro M1, Haltestelle Pole Mokotowskie, von dort ein paar hundert Meter zu Fuß Richtung Süden | Öffnungszeiten zu den Vorführungen, Termine auf der Homepage | Tipp Etwas weiter Richtung nördlich lädt die riesige Parkanlage Pole Mokotowskie zum Flanieren und Entspannen ein.

55 Das Kościuszkowców-Denkmal

Die Hilfe, die leider zu spät kam

Nein, es ist nicht Lenin, der hier steht, obwohl er ihm ähnlich sieht. So wie in den meisten Orten in Osteuropa ist auch in Warschau der ehemalige Kommunistenführer komplett aus dem Stadtbild verschwunden. Der Mann, der hier steht, ist ein unbekannter Soldat. Er gehörte der sogenannten Kościuszko-Infanteriedivision an, die im September 1944 den vergeblichen Versuch unternahm, die Aufständischen am Westufer der Weichsel zu unterstützen. Sowjetsoldaten hatten zu diesem Zeitpunkt im östlichen Teil Warschaus die Nazis bereits besiegt, während es den Deutschen im Westen der Stadt gelang, den Aufstand auf brutalste Weise niederzuschlagen.

In Praga erinnert seit 1985 eine zwölf Meter hohe Skulptur an das Drama des gescheiterten Aufstands und die misslungene Hilfsaktion. Der Grundstein für die Skulptur von Andrzej Kasten sollte 1980 gelegt werden, was jedoch wegen des Kriegsrechts und der Gründung der landesweiten Gewerkschaft »Solidarność« nicht realisiert wurde. So begann man mit der Errichtung erst im Oktober 1983.

An einem Sonntagnachmittag besuche ich das Denkmal. Schon von Weitem scheint der bewaffnete Soldat in dem langen Mantel mir die Hand reichen zu wollen, so wie er da leicht nach vorne gebeugt steht. Groß und kräftig wirkt er, der Mann aus dunkler Bronze.

Während ich ihn betrachte, flitzen Jungs auf Skateboards um mich herum. Ihnen ist es so was von egal, dass hier dieser Soldat steht. Aus einer Beatbox vor dem Denkmal dröhnt Rapmusik.

Am Rande des erhöhten Geländes, auf dem sich das Denkmal befindet, erkenne ich eine Stelle, wo früher Buchstaben angeschraubt waren, die an die heroischen Soldaten erinnerten. Vor einigen Jahren gab es sogar Überlegungen, das Denkmal selbst umzusetzen, weil in der Umgebung Neubauten entstehen sollten. Aber es steht immer noch hier, und ich denke, die Skater können auch gut damit leben.

Adresse Wybrzeże Helskie, 03-711 Warschau | ÖPNV Straßenbahn 4, 13, 20, 23, 26, Bus 160, 190, Haltestelle Park Praski 02, von dort etwa 500 Meter zu Fuß | Tipp Gegenüber der Haltestelle kann man kultig essen in der Milchbar »Rusałka«.

56 Der Kunstbär vor dem Zoo

Ein Symbol für Liebe, Vertrauen und Glück

Nicht nur die Stadt Berlin, die den Bären in ihrem Wappen trägt, hat eine starke Beziehung zu dem kräftigen Tier. Auch die polnische Hauptstadt fühlt sich dem Bären verbunden, vor allem der Warschauer Zoo im Stadtteil Praga.

Früher trafen sich die Einheimischen gern beim ehemaligen Bärenbrunnen, gleich vor dem Eingang des Zoos. Von hier aus konnte man in das Gehege der Bären schauen, ohne Eintritt zahlen zu müssen. Inzwischen ist das leider nicht mehr möglich. Dafür steht aber seit einigen Jahren ein anderer, riesiger Bär mit dem Stadtwappen Warschaus auf dem Bauch neben dem Eingang. Es ist ein Kunstbär, 2016 von dem französischen Künstler Ylan Anoufa geschaffen.

Anoufa fertigte den etwa fünf Meter hohen und mehr als 600 Kilo schweren Bären außerhalb Warschaus an und transportierte ihn dann an diesen Ort. Der Bär ist ein Symbol für Liebe, Vertrauen, Hoffnung und Glück. Fast jeder von uns bekam als Kind irgendwann mal einen Bären geschenkt. Ihm galt all unsere Liebe, er wurde geknuddelt und umsorgt. Dazu soll in gewissem Sinne auch der Kunstbär am Eingang des Tiergartens dienen. Man darf an ihm hochklettern, ihn umarmen, fotografieren und sogar bemalen.

Wenn man schon mal hier ist, sollte man auch den 1928 eröffneten und damals größten Zoo Europas besuchen. Beeindruckend: Während des Zweiten Weltkriegs versteckten der damalige Zoodirektor Zabiński und seine Frau über 300 Juden in den größtenteils leer stehenden Tierunterkünften auf dem riesigen Gelände. Von diesem heldenhaften Einsatz erzählt der Roman »Die Frau des Zoodirektors« der Autorin Diane Ackerman.

Sie müssen sich aber nicht unbedingt mit diesem traurigen Kapitel der polnischen Geschichte beschäftigen. Wahrscheinlich wollen Sie einfach die schöne Anlage und die Tiere sehen. Immerhin sind hier mehr als 500 unterschiedliche Arten vertreten. Na, dann viel Spaß!

Adresse Ulica Ratuszowa 1/3, 03-407 Warschau | ÖPNV Straßenbahn 6, 20, 28, Haltestelle Ratuszowa | Öffnungszeiten 9–16 oder 17 Uhr, abhängig von der Jahreszeit, Eintritt: 30 Złoty, es gibt auch günstige Familientickets | Tipp Auf dem Gelände des Zoo steht die »Willa Zabińskich«, ein Museum, das an die Rettung Hunderter Juden während des Kriegs durch das Zoodirektor-Ehepaar Zabiński erinnert.

57_Das Kunstzentrum im Schloss

Ganz schon zeitgenössisch!

Obwohl Polen oft als konservatives Land gesehen wird, gibt es hier auch sehr viel Fortschrittliches, vor allem in der Kunst. Klar, progressive Kunst führt häufig zu Diskussionen. Aber das ist ja auch gut so.

Ein hervorragender Ort, um sich spannende zeitgenössische Kunst anzuschauen, ist das Schloss Ujazdów. Es befindet sich im südlichen Teil der Stadt. Im 16. Jahrhundert erbaut, wurde es im Zweiten Weltkrieg von den Deutschen niedergebrannt und erst 1975 rekonstruiert.

Seit 1981 ist im Schloss das Zentrum für zeitgenössische Kunst Ujazdowski untergebracht. Hier werden Workshops veranstaltet, es gibt ein gemütliches Café mit leckeren Kuchen, hier kann man ins Kino gehen oder im Park um das Schloss spazieren gehen. Vor allem aber kommen an diesem Ort alle auf ihre Kosten, die sich für Kunst interessieren. Oft finden mehrere Ausstellungen parallel statt.

An dem Samstag, als ich hier bin, besuche ich die Ausstellung »Die Kraft von Geheimnissen«. Karol Radziszewski, einer der Shootingstars der polnischen Kunstszene, hat sie einem äußerst polarisierenden Thema in der polnischen Gesellschaft gewidmet: Homosexualität. Die Ausstellung zeigt Objekte wie ein teils zerstörtes ehemaliges Pissoir, das in den 1980er Jahren als Treffpunkt für Schwule in der Hauptstadt diente. Schon 1985 führte die Volksmiliz die sogenannte Aktion Hyacinth durch, offiziell um Prostitution und Aids zu bekämpfen. Innerhalb einiger Jahre sammelten Polizei und Geheimdienst Daten von Tausenden Homosexuellen. Die Aktion Hyacinth war auch Thema eines Films, der 2021 auf Netflix gezeigt wurde. Ein späterer Angriff auf die homosexuelle Gemeinschaft in Warschau war der Verbot der Gay Pride im Jahr 2005. Weitere Attacken folgten. Man hofft, es kommt anders, aber möglicherweise ist »Die Kraft von Geheimnissen« die vorläufig letzte große öffentliche Ausstellung zu diesem Thema in Polen …

Adresse Jazdów 2, 00-467 Warschau, www.u-jazdowski.pl | ÖPNV Bus 116, 166, 180, 195, 503, Haltestelle Plac na Rozdrożu | Öffnungszeiten Di–So 11–18 Uhr, Mo geschlossen | Tipp Etwa 300 Meter südöstlich, im Park, gibt es eine besondere Attraktion: ein historischer polnisch-ungarischer Spielplatz mit aus Holz geschnitzten, bunt bemalten Figuren und Spielgeräten.

58 Die leeren Gasometer

Industriedenkmal mit Stil

»Nein, nur nach Anmeldung«, meint der Wachmann am Eingang des Museums der Gaswerke in Wola, im Westen der Stadt, auf meine Frage, ob ich das Gelände betreten darf. Leicht genervt steige ich wieder auf mein Fahrrad. Dabei bin ich eigentlich nur gekommen, um mir die Gasometer auf dem Außengelände anzusehen.

Ich radle durch eine schöne parkähnliche Anlage östlich des Geländes. Und dann sehe ich sie plötzlich, die beiden Gasometer. Hinter einem Zaun stehen die riesigen, aus rotem Backstein errichteten Türme. Es sind elegante, zylinderähnliche Bauwerke, etwa 35 Meter hoch. Die dreistöckigen Gebäude haben hohe Doppelfenster und werden an den Seiten teilweise von wuchtigen Eichen beschattet.

Fasziniert fahre ich weiter, bis ich zu einem offenen Werkstor komme, von wo aus ich einen noch besseren Blick habe. Leider darf ich auch hier das Gelände nicht betreten, aber wenigstens habe ich von hier einen besseren Blick. Die Fensterscheiben der Gasometer sind teilweise zerbrochen, hier und da fehlen Backsteine in den Wänden.

Die Türme wurden von 1886 bis 1888 gebaut. Im Inneren befanden sich früher riesige Metallbehälter, die der Speicherung von Gas dienten, das aus der Verbrennung von Kohle gewonnen wurde. Mit ihm speiste man die städtischen Gaslaternen, die manuell bedient wurden.

In Betrieb waren die Gasometer bis in die 1970er Jahre hinein. Danach fehlte jahrzehntelang ein gutes Konzept für eine neue Nutzung. Zum Glück wurden die Bauwerke 2005 auf der Denkmalschutzliste gesetzt.

Mittlerweile wird auch hier gearbeitet, sehe ich. Arbeiter wuseln herum, Gerüste werden aufgebaut. Die Zeiten, als man sich ungestört auf das Gelände begeben konnte, um sich in Ruhe die riesigen Innenräume der Gasometer anzuschauen, sind vorbei. Inzwischen gehören die Gebäude einer Stiftung, die in den Gasometern Kunstausstellungen und Konzerte veranstalten will. Hoffentlich klappt es!

Adresse Ulica Prądzyńskiego 14a, 01-222 Warschau, www.wolskierotundy.pl | ÖPNV Bus 103, Haltestelle Kolejowa 01 | Öffnungszeiten nur von der Straße aus zu sehen, das Gelände ist nicht zugänglich | Tipp Etwa 500 Meter westlich, in der Aleja Prymasa Tysiąclecia 48a, befindet sich der »Voodoo Club«, in dem Bands mit Namen wie »Die grausamen Töchter« Konzerte geben. Viel Voodoo, Gothic, Rock und Alternative!

59 Der Lutscherladen

Wo (nicht nur) Kinderträume in Erfüllung gehen

Süß, süßer, am süßesten: Wer keine Angst vor dem Zahnarzt hat, sollte unbedingt der »Manufaktura Cukierków« im Warschauer Stadtzentrum einen Besuch abstatten. Denn hier gibt es Lutscher, Lutscher und nochmals Lutscher. Laktosefrei, glutenfrei, vegan, hundertprozentig handgemacht. Und das in gut und gern 80 Geschmacksrichtungen und -kombinationen. Und falls der eigene Lieblingsgeschmack tatsächlich nicht dabei sein sollte: Kein Problem, denn du kannst hier einfach selbst deinen eigenen Lieblingslutscher zusammenstellen!

Auch an diesem Tag findet die Produktion vor den Augen der Kunden statt. Drei junge Mitarbeiterinnen in bunter Kleidung ziehen hinter einer Theke die Zuckermasse aus einer Maschine an der Wand. Danach wird sie geknetet, auf der Theke ausgerollt, in unterschiedliche Lutscherformen gebracht oder zu Bonbons geformt.

Sechs Schulkinder, die hier bei einem Workshop Geburtstag feiern, schauen fasziniert zu und dürfen den Mitarbeiterinnen natürlich auch helfen. Die anwesenden Väter und Mütter scheinen die Lutscherproduktion mindestens genauso spannend zu finden wie ihre Kinder …

Während an der Theke geknetet wird, schaue ich mir den Laden genauer an. Hier gibt es Lutscher in jeder Größe und in allen Farben des Regenbogens. Aber nicht nur Lutscher kann man hier kaufen. Wer seinen Partner mal mit einem verzehrbaren Blumenstrauß überraschen will, kann gern seine Bestellung aufgeben. Nicht gut? Auf Wunsch haben sie hier auch schon mal einen Lamborghini hergestellt …

Einen süßen Blumenstrauß oder essbaren Sportwagen möchte ich zwar nicht, aber einen Lutscher hätte ich schon gern. Was soll es aber werden? Hm, ich kann mich schwer entscheiden: vielleicht ein Lutscher mit Mangogeschmack, oder nehme ich doch lieber eine Kombination aus Lakritz und Erdbeeren? Ach, was soll's, ich nehme einfach beide!

Adresse Manufaktura Cukierków, Nowy Świat 51, 00-355 Warschau, www-manufaktura-cukierkow.pl | ÖPNV Metro M2, Haltestelle Nowy Świat-Uniwersytet | Öffnungszeiten täglich 11 – 21 Uhr | Tipp Gleich hinter dem Süßwarenladen führt eine Straße runter zur Weichsel, wo man bei einem Spaziergang all die Kalorien verbrennen kann!

60 Der Mammutknochen

Verstaubtes Artefakt in einer Kirche

Höchst sonderbar, was einen an diesem Ort erwartet: In der barocken Heilige-Anna-Kirche neben dem Wilanów-Palast hängt ein riesiger ... Mammutkochen. Er ist etwas versteckt rechts hinten in der Kirche in einer relativ dunklen Ecke und hinter einer Säule zu finden. In kaum einem Reiseführer wird der Knochen überhaupt erwähnt. Aber wer auf dem Weg zum viel berühmteren, nur wenige hundert Meter entfernten Wilanów-Palast ist, kann einen kurzen Abstecher in die Heilige-Anna-Kirche machen, um den etwa 60 Zentimeter langen Knochen zu bewundern.

Die Kirche wurde 1772 im Stil der Neorenaissance erbaut und ist in den landestypischen Farben Gelb und Weiß gestrichen. Vorher befand sich an gleicher Stelle mehr als 200 Jahre lang eine hölzerne Pfarrkirche. Während des Ersten Weltkriegs wurde die Heilige-Anna-Kirche verwüstet. Ihre Kuppel hatte den russischen und preußischen Truppen als Aussichtspunkt gedient, von dem aus sie das gesamte Weichseltal überblicken konnten.

Auch im Zweiten Weltkrieg blieb die Kirche nicht verschont – im September 1939 wurde sie von mehreren Kanonengeschossen getroffen. Während des Warschauer Aufstands (1944) nutzten die Deutschen das Gotteshaus als Internierungslager für Juden, die vor allem aus der Hauptstadt und der Umgebung stammten.

Im Garten befindet sich ein Mausoleum für Stanislaw Potocki, einen der früheren Eigentümer des Wilanów-Palastes.

Trotz aller Verwüstungen überlebte der riesige bräunliche Mammutknochen, der im 18. Jahrhundert während der Errichtung der Kirche gefunden wurde, den Krieg. Über den Knochen ist nur wenig bekannt, aber er muss einem der vielen Wollhaarmammuts gehört haben, die vor Zehntausenden Jahren in dieser Region lebten.

Ende 2018 wurden im Zuge von Bauarbeiten an der Warschauer Metro übrigens weitere Mammutknochen entdeckt, die möglicherweise um die 120.000 Jahre alt sind!

Adresse Ulica Kolegiacka 1, 02-946 Warschau, www.parafiawilanow.pl | ÖPNV Bus 116, 180, 519, Haltestelle Wilanów | Öffnungszeiten Mo–Fr 8–17 Uhr, Sa 8–12 Uhr, So 13–17 Uhr | Tipp Gleich neben dem Museum befindet sich der viel bekanntere Wilanów-Palast, der einst von polnischen Königen bewohnt wurde. Heutzutage ist die Anlage mit schönen Gärten ein wahrer Touristenmagnet und auf jeden Fall einen Besuch wert.

61 Der Mann, der sich anzündete

Protest gegen den Einmarsch in die Tschechoslowakei

In der Nähe von einem der Eingangstore des riesigen Nationalstadions steht eine unauffällige Säule aus Granit. Fast immer liegen hier Blumen. In den Stein steht eingemeißelt: »Dieser Mann brachte das größte Opfer«. Die Säule erinnert an einen fast völlig vergessenen Helden: Ryszard Siwiec, der sich am 8. September 1968 hier, im Fußballstadion, während eines Erntedankfestes anzündete. Einige der entsetzten 100.000 Zuschauer versuchten damals, die Flammen zu löschen, aber Siwiec wehrte sich dagegen. Er verbrannte lebendigen Leibes. Seine Selbsttötung war ein Akt des Widerstands gegen den Einmarsch der Truppen des Warschauer Pakts in die Tschechoslowakei im August desselben Jahres.

Selbstmorde als Ausdruck des Protests gegen die kommunistische Herrschaft hat es mehrmals in Osteuropa gegeben. Natürlich haben die Behörden immer versucht, die Tötungen vor der Öffentlichkeit geheim zu halten, aber dies gelang nicht immer. 1969, einige Monate nach dem Tod von Siwiec, zündete sich der tschechische Student Jan Palach in Prag aus demselben Grund an. Und 1972 verbrannte sich Romas Kalanta in Kaunas im heutigen Litauen. Er protestierte damals gegen die Besetzung des Landes durch die Sowjetunion.

Ryszard Siwiec war Vater von fünf Kindern. Bevor er sich von Südpolen aus auf den Weg zum Stadion in der Hauptstadt machte, hatte er einen Abschiedsbrief an seine Frau geschrieben, den er in Warschau abschickte. Sie bekam den Brief allerdings erst 22 Jahre später, weil er vom polnischen Geheimdienst konfisziert worden war.

Auch in jüngerer Vergangenheit hat es eine Selbstverbrennung als Akt des Protests gegeben. Am 17. Oktober 2017 zündete sich Piotr Szczesny im Zentrum Warschaus an, um damit gegen die Politik der nationalistischen Regierung zu protestieren. Hoffentlich war Szczesnys Selbsttötung die letzte in einer langen Reihe.

Adresse Ulica Ryszarda Siwca, 03-901 Warschau | ÖPNV Bus 102, 146, 147, Haltestelle Wybrzeże Szczecińskie | Tipp Überquert man vor dem Stadion die Straße, gelangt man an die Weichsel. Hier befindet sich, mitten in der Hauptstadt, ein NATURA-2000-Schutzgebiet, in dem man herrlich wandern und sich entspannen kann.

62_Die Meerjungfrau von Picasso

Der Kommunist, die Friedenstaube und die Wandmalerei

Ausländische Besucher verirren sich nur selten nach Saska Kępa. Das ist eigentlich schade, denn dieses vornehme Wohnviertel am östlichen Weichselufer hat Straßencafés wie in Paris, gute Restaurants und eine interessante Architektur. Und in der Ulica Obrońców kann man an der Außenwand des Hauses mit der Nummer 28/30 etwas ganz Besonderes entdecken: die Kopie einer Zeichnung des spanischen Künstlers Pablo Picasso. Das Motiv ist die »Syrenka«, die Seejungfer, die als Wahrzeichen von Warschau gilt.

1948 war Picasso, ein überzeugter Kommunist, in Breslau bei der internationalen »Weltkonferenz der Intellektuellen zur Verteidigung des Weltfriedens« zu Gast. Während dieser Versammlung wählten die Teilnehmer für die Konferenz im darauffolgenden Jahr in Prag eine Taube als Symbol des Friedens. Entworfen wurde sie von Picasso. Die Taube ist bis zum heutigen Tag *das* internationale Friedenszeichen.

Nach Beendigung der Konferenz in Breslau reiste Picasso weiter nach Warschau. Hier besichtigte er den Stadtteil Wola, wo nach der Verwüstung während des Zweiten Weltkriegs der Wiederaufbau in vollem Gange war. In einer der Neubauwohnungen malte Picasso mit Holzkohle spontan eine Meerjungfrau an die Wand.

Schon Anfang der 1950er Jahre war die Meerjungfrau von Picasso so berühmt, dass ganze Scharen von Schaulustigen vorbeikamen. Irgendwann waren die Mieter der Wohnung von den ungebetenen Besuchern so genervt, dass sie das Bild einfach übermalen ließen. Und so geriet es allmählich in Vergessenheit. Erst 2006 wurde man wieder darauf aufmerksam, nachdem im Internet ein Bericht über das Wandbild erschienen war. So kam es, dass eine Kopie der Meerjungfrau an der Außenfassade des Hauses in Saska Kępa angebracht wurde. Dort befand sich 1948 ein Künstlerverein, den Picasso damals besucht hatte. Jetzt können also auch Sie sich das Bild wieder anschauen.

Adresse Ulica Obrońców 28/30, 03-927 Warschau | **ÖPNV** Bus 117, 138, 146, 147, Haltestelle Francuska 01 | **Tipp** Im Viertel Saska Kępa kann man auf einem Spaziergang viele Beispiele für die Architektur der 1950er Jahre sehen.

63 Die Metropolitenkirche

Das kirchliche Zentrum für russische Einwanderer

In der zweiten Hälfte des 19. Jahrhunderts erlebte Warschau, damals zum Russischen Reich gehörend, ein enormes Bevölkerungswachstum. Die Industralisierung schritt voran, und Zehntausende zogen hierher, um in den neu entstandenen Fabriken zu arbeiten. Viele von ihnen stammten aus dem zaristischen Reich. Sie kamen mit dem Zug am Petersburger Bahnhof an, der sich ungefähr an der Stelle des heutigen Metrobahnhofs Wileński im Stadtteil Praga befand.

Da es nun neben den vielen russischen Soldaten, die in Praga stationiert waren, auch zahlreiche Einwanderer aus Russland gab, beschloss die Stadt, dass nun auch eine orthodoxe Kirche hermüsste. Mit dem Bau wurde 1867 begonnen, und zwar in der Nähe des Petersburger Bahnhofs, damit die Neuankömmlinge als Erstes das Gotteshaus sehen würden. Die Maria-Magdalena-Kirche mit den fünf klassischen Zwiebelkuppeln wurde 1869 eingeweiht. Weitere Kirchen folgten.

Nachdem Polen seine Unabhängigkeit zurückgewonnen hatte, verschwanden nach dem Ersten Weltkrieg fast alle orthodoxen Kirchen aus dem Stadtbild, wurden sie zwangsläufig mit den von vielen gehassten Russen in Verbindung gebracht. Die bekannteste orthodoxe Kirche war die Alexander-Nevsky-Kathedrale im Zentrum, die Mitte der 1920er Jahre abgerissen wurde. Solche Pläne gab es auch für die Maria-Magdalena-Kirche, aber sie wurden nicht umgesetzt. Vielmehr wurde 1928 unter ihr eine zusätzliche Kapelle eingerichtet, in der einige der Reliquien aus der ehemaligen Nevsky-Kathedrale bis zum heutigen Tag aufbewahrt werden.

Zu kommunistischen Zeiten war die Metropolitenkirche, wie sie inzwischen hieß, eine von zwei orthodoxen Kirchen in Warschau, in der man Gottesdienste besuchen konnte. Heute ist diese Kirche die wichtigste orthodoxe Glaubensstätte Polens. Gehen Sie auch mal hinein, sie betreten eine Welt aus Weihrauch, Fresken und Heiligenbildern, die Sie womöglich so nicht kennen.

Adresse Aleja Solidarności 52, 03-402 Warschau, www.katedra.org.pl | **ÖPNV** Metro M2, Haltestelle Dworzec Wileński | **Öffnungszeiten** täglich 11 – 16 Uhr | **Tipp** Gleich auf der anderen Straßenseite gibt es einen Streetfood-Vintage-Markt namens »ZOO«, ziemlich cool!

64 Die Milchbar

Alles, was mal gut war, kommt wieder

Wer zu kommunistischen Zeiten in Polen gewesen ist, erinnert sich sicherlich noch an die Lokale, die »Bar Mleczny«, übersetzt Milchbar, hießen und in denen man für wenig Geld eine einfache, aber sättigende Mahlzeit bekam. Restaurants gab es damals nur wenige, dafür aber überall Milchbars.

Sie waren definitiv nicht cool und absolut nicht vegan. Hier schlurften schlecht gelaunte Mitarbeiterinnen in Schlappen und grauen Schürzen und mit riesigen Kochmützen auf dem Kopf durch die Küche und nahmen hinter einer Theke griesgrämig Bestellungen der meist älteren Gäste auf, die sich oft nicht mal die Mühe machten, zum Essen ihre Mäntel auszuziehen. Kartoffelgerichte, Kompott, Suppe und Kohlsalat waren fast immer zu bekommen. Doch in den vergangenen Jahrzehnten verschwanden viele der Milchbars, und kaum einer schien sie zu vermissen.

Aber huch, siehe da! Seit einigen Jahren gibt es eine Trendwende! Alles, was mal gut war, kommt wieder, so auch die Milchbars. Einige, die irgendwie überlebt hatten, wurden sogar von Hipstern übernommen und sind plötzlich wieder voll angesagt. Und immer noch kommen neue Milchbars dazu. Denn ja, eigentlich ist das Konzept doch genial! Nach wie vor bekommt der Gast ein ordentliches Essen. Satt wird man auf alle Fälle, und heutzutage gibt es genügend Auswahl, um jedermanns Geschmack befriedigen zu können. Nach wie vor ist das Essen preiswert, denn die Milchbars werden staatlich subventioniert. Deswegen kommen auch ärmere Leute gern her.

Versuchen Sie es doch selbst auch mal, zum Beispiel in der Milchbar »Rusalka« (Meerjungfrau), eines der Warschauer Originale, wo man sich im Gastraum mit seinen holzvertäfelten Wänden und den weißen Gardinen in die 1970er zurückversetzt fühlt. Zum Mittagessen empfehle ich *Zurek*, eine kräftige polnische Suppe. Oder *Kotlet Schabowy*. Oder *Nalesniki*, gefüllte Pfannkuchen. Oder … Ach, eigentlich schmeckt alles gut. *Smacznego!*

Adresse Bar Rusałka, Ulica Floriańska 14, 03-707 Warschau | ÖPNV Straßenbahn 6, 13, 20, 26, Haltestelle Park Praski 02 | Öffnungszeiten Mo–So 9–17 Uhr | Tipp Direkt nebenan befindet sich die im neugotischen Stil erbaute Florianska-Kathedrale, die sogar schon mit einem Besuch von Papst Johannes Paul II. beehrt wurde!

65 Der Miniaturpark

So hat Warschau einmal ausgesehen

Kaum eine Stadt hat so unter dem Zweiten Weltkrieg gelitten wie Warschau. Lange Zeit waren die Einwohner dann auch nicht sonderlich stolz auf das Aussehen ihrer Stadt, auch wenn man sich gleich nach dem Krieg redlich um den Wiederaufbau bemühte.

In den vergangenen Jahren hat sich aber sehr viel getan. Das Wirtschaftswachstum hatte zur Folge, dass viele Menschen in die Hauptstadt zogen, es wurde und wird viel investiert und gebaut. Innerhalb von zwanzig Jahren hat sich durch den Bau spektakulärer Hochhäuser und riesiger Wohnkomplexe das Erscheinungsbild Warschaus komplett verändert, und auch in Sachen Infrastruktur wurden große Fortschritte gemacht.

Trotzdem sollte nicht in Vergessenheit geraten, wie die Stadt früher, vor dem Krieg, einmal ausgesehen hat. Deshalb hat eine Gruppe von Architekturfreunden in Privatinitiative einen Miniaturpark errichtet, den man unbedingt besuchen sollte. Der Park ist in den vergangenen Jahren schon mehrmals umgezogen und befindet sich seit dem Sommer 2020 für mindestens drei Jahre auf einem Privatgrundstück am Rande des Świętokrzyski-Parks, direkt neben der U-Bahn-Station Świętokrzyska.

Dort stehen elf Nachbauten im Maßstab 1:25 von einigen der prägnantesten Vorkriegsgebäude Warschaus. Zu ihnen zählen das sogenannte Sommertheater, das fast komplett aus Holz bestand, die erste Pferderennbahn, der Kronenberg-Palast, die frühere Börse und der Sächsische Palast. Eine der beeindruckendsten Miniaturen ist sicherlich die Große Synagoge, die für die vielen einst hier lebenden Juden von zentraler Bedeutung war. Das Gotteshaus, 1802 in klassizistischem Stil gebaut, wurde 1943 von den deutschen Besatzern zerstört.

Der Miniaturpark soll weiterhin wachsen. Die Initiatoren streben an, dass hier irgendwann an die 50 Exponate besichtigt werden können. Das heißt, je länger Sie mit einem Besuch warten, desto mehr werden Sie zu sehen bekommen!

Adresse Ecke Ulica Marszalkowska/Świętokrzyszka, 00-026 Warschau | ÖPNV Straßenbahn 4, 15, 18, 35, 71, Haltestelle Metro Świętokrzyszka 06, Metro M1, Haltestelle Świętokrzyszka | Öffnungszeiten täglich 10–20 Uhr, Eintritt: 14 Złoty, es gibt auch günstige Familientickets | Tipp Etwa 500 Meter entfernt, an der Ulica Jasna 5, befindet sich die Nationalphilharmonie, ein Konzerthaus für klassische Musik (www.filharmonia.pl).

66 Die modernistische Treppe

Wo frisch Vermählte sich ablichten lassen

Nördlich der historischen Altstadt führen eine Hauptverkehrsstraße und ein Radweg entlang der Weichsel zur Danziger Brücke, der Most Gdanski, die nach dem nahe gelegenen Bahnhof benannt wurde. Der erste Teil der gewaltigen Konstruktion wurde 1946 als Eisenbahnbrücke fertiggestellt. Sie wurde damals dringend gebraucht, weil im Krieg etwas weiter nördlich eine andere Brücke völlig zerstört worden war. 1959 folgte dann die nächste Ebene für den motorisierten Verkehr und die Straßenbahn, und schließlich wurde auch noch eine Ebene für den Rad- und Fußgängerverkehr gebaut. Mit ihren 407 Metern Länge ist die grün gestrichene Most Gdanski nicht nur eine der längsten, sondern auch eine der meistbenutzten Brücken in Warschau, weshalb sie in den letzten Jahren aufwendig saniert werden musste.

Obwohl ein imposantes Bauwerk, kommen die meisten Leute wegen der weißen Betontreppe auf dem Westufer zu diesem ansonsten nicht sonderlich attraktiven Ort. Auf den ersten Blick fällt sie nicht wirklich auf, aber wer einmal unter ihr steht und nach oben schaut, staunt darüber, wie sich die Treppe schlank und filigran nach oben windet, immer höher und höher … Hier ist einem Architekten in den 1950er Jahren ein wahres Kunstwerk gelungen.

Als ich mir die Brücke anschaue, passiert das, was man hier oft erleben kann: Ein frisch verheiratetes Paar kommt und lässt sich sowohl auf der Treppe als auch auf der Brücke fotografieren. Ein wenig später taucht auch ein leicht bekleidetes Model in Begleitung eines professionellen Fotografen auf und legt sich vor industrieller Kulisse ins Zeug.

Fährt oder geht man von hier aus Richtung Osten über die Brücke, gelangt man in den Stadtteil Praga. Von oben sieht man unterhalb der Brücke riesige blaue Neonbuchstaben: *miło cię widzieć* – Schön, dich zu sehen. Ein freundlicher Gruß, der vor allem den passierenden Schiffen gilt.

Adresse Most Gdański, 00-280 Warschau | ÖPNV Bus 118, 185, Haltestelle Most Gdański 02 | Tipp Weiter Richtung Norden am Westufer der Weichsel steht die Zitadelle von Warschau, in der das Katyn-Museum untergebracht ist, das an die Ermordung zahlreicher Angehöriger der polnischen Intelligenz im Zweiten Weltkrieg erinnert.

67 Der Museumsbahnhof

Eisenbahnen für kleine und große Fans

Das, was man in diesem Museum zu sehen bekommt, ist ganz große Eisenbahn! Lokomotiven und Waggons, so weit das Auge reicht. Als ich am ehemaligen Warschauer Hauptbahnhof ankomme, verlässt gerade eine Gruppe ausgelassener Schüler das Gebäude. Einmal drinnen, wird es ruhig: Hier und da gehen Väter mit ihren Söhnen an den zahllosen Vitrinen vorbei und bestaunen die darin ausgestellten Modelle, von denen manche fast einen Meter lang sind. Sie stammen zu einem großen Teil aus Polen, aber es gibt auch viele Modelle aus Deutschland und England. Auch die Geschichte der 175-jährigen polnischen Eisenbahn wird hier dokumentiert, von der Dampfmaschine über die Diesellok bis zum elektrifizierten Schienennetz. Ein Bereich der Ausstellung ist dem polnischen Widerstand während des Zweiten Weltkriegs gewidmet. Ebenso wird die Rolle der polnischen Eisenbahn (heute: PKP) in kommunistischen Zeiten beleuchtet. Neben den Eisenbahnmodellen kann man sich hier auch Uniformen, Fahrkarten und alte Bahnhofsuhren anschauen.

Draußen, an den ehemaligen Bahngleisen, gibt es echte Eisenbahnen und Loks zu sehen. Am beeindruckendsten ist vielleicht der gepanzerte, grün gestrichene deutsche Wehrmachtszug aus dem Jahr 1943. Ein Stück entfernt kann man einen luxuriösen Salonwaggon besichtigen, der in den 1950er Jahren von den Präsidenten der Volksrepublik Polen benutzt wurde. Leider stehen viele der etwa 50 ausgestellten Museumsstücke sehr eng aneinander, denn ein Teil des ehemaligen Bahnhofgeländes wurde abgetrennt und ist inzwischen Neubaugebiet. Möglicherweise muss das Museum in einigen Jahren an einen anderen Ort ziehen.

Man kann sich heute kaum noch vorstellen, dass hier bis 1967 der Hauptbahnhof war. Von hier aus fuhren im 19. Jahrhundert Züge nach Wien und stellten damit eine Verbindung zwischen dem damaligen Russischen Reich und der Habsburger Monarchie her. Andere Zeiten …

Adresse Ulica Towarowa 3, 00-811 Warschau, www.stacjamuzeum.pl (nur in polnischer Sprache) | ÖPNV Straßenbahn 1, 9, 14, 22, 24, Haltestelle Plac Zawiszy, Regionalzüge halten am Bahnhof Warszawa Główna | Öffnungszeiten täglich 9–17 Uhr | Tipp Unmittelbar hinter dem Bahnhof, an der Ulica Kolejowa, wird im »Nocny Market« (Nachtmarkt) auf den ehemaligen Bahnsteigen Streetfood angeboten. Kultig und lecker!

68 Das Neon-Museum

Leuchtende Werbung aus vergangenen Zeiten

Als Ilona Karwińska vor fast 20 Jahren den riesigen Neonschriftzug »BERLIN« vor dem sicheren Mülldeponie-Tod bewahrte, war ihr wahrscheinlich noch nicht bewusst, dass dies der Anfang eines regelrechten Leuchtreklame-Revivals sein würde. Von nun an sammelte Karwińska mit Feuereifer nostalgische Neonwerbung, die keiner mehr haben wollte.

2005 eröffnete sie schließlich im Stadtteil Praga das »Neon Muzeum«. Hiermit traf sie den Nerv der Zeit, denn die mittlerweile mehr als 200 Exponate ziehen Besucher aus der ganzen Welt an.

Das Museum befindet sich auf dem Gelände der »Soho Factory«, eines postindustriellen Ensembles von Gebäuden aus Backstein und Stahl. Ein idealer Ort für die hell leuchtenden Reklamen. Drinnen im Museum findet man sich in einer halb dunklen Vintage-Welt wieder. Klar, allzu viel Licht soll hier nicht sein, damit die Neonbuchstaben richtig gut strahlen. »Szanghaj«, lese ich, und natürlich auch »Warszawa«.

All diese Schriftzüge waren einmal in der Stadt zu sehen, an Restaurants, Ausflugslokalen und Kinos. In der polnischen Volksrepublik hatten Leuchtreklamen einen anderen, vielleicht größeren Wert, denn hier gab es nicht die Art von Werbung, wie sie im kapitalistischen Westen längst verbreitet war. Viele Warschauer verbinden die Leuchtreklamen, die von bekannten Designern entworfen wurden, mit den optimistischen 1950er und 1960er Jahren, als die Hoffnung auf eine sonnige Zukunft noch groß war.

Nach der politischen Wende verschwanden die Neonbuchstaben nach und nach aus dem Straßenbild. Jetzt waren Coca-Cola und Marlboro angesagt … Viele Schriftzüge landeten auf der Mülldeponie, doch zum Glück hat Ilona Karwińska so manches Exemplar gerettet. Wer mehr über die Geschichte der Neonreklame wissen will, kann in einem alten Kinosessel Platz nehmen und sich einen Infofilm über die Schöpfer der Neonbuchstaben anschauen. Höchst interessant!

Adresse Ulica Mińska 25, 03-808 Warschau, www.neonmuzeum.org | **ÖPNV** Bus 123, 173, 202, Haltestelle Żupnicza | **Öffnungszeiten** Mo–Sa 12–18 Uhr, So 11–17 Uhr | **Tipp** Auf dem Gelände der »Soho Factory« gibt es neben Kneipen auch kulturelle Angebote, wie zum Beispiel das Teatr Niewielki (ebenfalls Ulica Mińska 25).

69 Die neue alte Markthalle

Kunst, Kulinarisches und Konzerte

Eine der schönsten Markthallen Warschaus ist die Hala Koszyki. Sie wurde Anfang des 20. Jahrhunderts gebaut und ist vor allem im Eingangsbereich deutlich vom Jugendstil beeinflusst. Seit sie in den Jahren 2014 bis 2016 komplett renoviert wurde, strahlt sie in neuem Glanz und ist der perfekte Ort, um in einem der vielen Lokale etwas zu essen und zu trinken. Donnerstag bis Samstag legen hier übrigens abends regelmäßig DJs auf.

Nachdem die Hala Koszyki 1909 eröffnet worden war, kaufte ganz Warschau hier bei Dutzenden von Fleischern, Bäckern und anderen Händlern ein. Angeblich soll in den 1920er Jahren auch der damalige Staatschef Józef Pilsudski hier persönlich seine Einkäufe gemacht haben. Im Zweiten Weltkrieg abgebrannt, wurde die Markthalle wiederaufgebaut und 1949 von der Genossenschaft »WSS Społem« übernommen. Zu jener Zeit wurde hier vor allem staatlicher Handel betrieben, aber es gab auch noch immer Privathändler, die erst in den 1960er Jahren verschwanden, als ein Supermarkt in den Hallenkomplex einzog.

Nach der politischen Wende Anfang der 1990er Jahre brachen neue Zeiten an. Der Kapitalismus war zurück in Polen und zog auch in die Markthalle ein, mit viel bunter Werbung und Angeboten für Konsumenten aus allen Schichten der Warschauer Bevölkerung. 2012 kaufte dann ein Investor das Gebäude, der einen Teil der verwahrlosten Anlage komplett abreißen und eine Tiefgarage bauen ließ. Dann wurde die Markthalle unter Verwendung der historischen Baumaterialien wieder im alten Stil aufgebaut.

Inzwischen befinden sich hier auf mehreren Etagen Kneipen und Restaurants, aber auch Kunstgalerien und kleine Läden. Die Halle hat ein schönes gläsernes Dach, das viel Tageslicht reinlässt. Eine ozeangrün gestrichene Metallkonstruktion verleiht dem Inneren einen industriellen Look. Die Hala Koszyki ist heutzutage schöner als je zuvor.

Adresse Ulica Koszykowa 63, 00-667 Warschau | ÖPNV Bus 151, 159, Haltestelle Noakowskiego | Öffnungszeiten täglich 9–24 Uhr | Tipp In der gleichen Straße, Nummer 55, befindet sich die Fakultät für Architektur der Warschauer Universität für Technologie. Dort gibt es auch einen Laden für Architekturzubehör (www.architekci-sklep.pl).

70 Das Nobelhotel Bristol

Warschaus feinste Adresse

An der Prachtstraße Krakowskie Przedmieście steht eines der traditionsreichsten Hotels der Stadt: das 1901 eröffnete »Bristol«. Mit seiner imposanten Außenfassade im Stil der Neorenaissance ist der Bau, der in den vergangenen dreißig Jahren mehrmals renoviert wurde, nicht zu übersehen.

Laut einer Urban Legend übernachteten 1967 die Rolling Stones im »Bristol«, als sie ihr einziges Konzert hinter dem Eisernen Vorhang im Warschauer Kulturpalast gaben. Das Publikum drehte durch, die Polizei ebenfalls, und die britischen Musiker ließen sich angeblich nicht in wertlosen Złotys, sondern in polnischem Wodka bezahlen, dem sie bereits im Hotel ordentlich zusprachen. Wie es heißt, wurde der nicht ganz so kleine Rest in Eisenbahnwaggons nach England transportiert.

Ob diese Geschichte stimmt? Auf jeden Fall klingt sie toll. Verbürgt ist dagegen, dass viele andere Berühmtheiten hier logiert haben, so zum Beispiel John F. Kennedy, Richard Nixon und Pablo Picasso. Schon bald nach seiner Eröffnung entwickelte sich das »Bristol« schnell zu einem der angesehensten Orte in Warschau, wo zum Beispiel 1911 ein rauschender Ball stattfand, nachdem Marie Skłodowska-Curie den Nobelpreis für Chemie gewonnen hatte. In den 1920er Jahren gab es wilde Partys, ähnlich wie damals in Berlin. Denkwürdig war auch der Besuch von Staatschef Józef Pilsudski, der 1923 im Hotel seinen Rückzug aus der Politik verkündete.

Zu Zeiten der Volksrepublik kamen nicht mehr so viele berühmte Gäste ins »Bristol«. Vor allem ausländische Touristen wohnten hier jetzt. Nach der politischen Wende kaufte ein britisches Unternehmen das Hotel, renovierte es und machte ein Fünf-Sterne-Haus daraus. Seitdem strömen die Weltstars, wie Tina Turner und Woody Allen, wieder ins »Bristol«.

Wer sich das Hotel auch von innen anschauen möchte, kann einfach im Foyer eine Tasse Kaffee trinken.

Adresse Krakowskie Przedmieście 42/44, 00-325 Warschau | ÖPNV Bus 116, 178, 180, 222, Haltestelle Hotel Bristol | Öffnungszeiten rund um die Uhr geöffnet | Tipp In der schmalen Straße gegenüber dem Hotel steht ein Denkmal zur Erinnerung an Józef Piłsudski, der, obwohl er 1923 seinen Rückzug aus der Politik angekündigt hatte, Polen von 1926 bis 1935 autoritär führte.

71 Die Nożyk-Synagoge

Die einzige Synagoge, die nach dem Krieg noch stand

Wussten Sie, dass Polen vor dem Zweiten Weltkrieg fast dreieinhalb Millionen jüdische Einwohner zählte? Fast alle wurden im Krieg vertrieben, erschossen, vergast, ermordet. Von der jüdischen Kultur in Polen blieb so gut wie nichts übrig. Vor dem Krieg hatte es in Warschau mehr als 400 Synagogen gegeben, danach nur noch eine: die Nożyk-Synagoge.

Das Gotteshaus wurde im Auftrag des Textilhändlers Zalman Nożyk nach einem Entwurf des italienischen Architekten Enrico Marconi in neuromanischem Stil mit byzantinischen, maurischen und Neorenaissance-Elementen gebaut. Es wurde 1902 eröffnet. Der Innenraum bietet Platz für 600 Personen, wobei nach orthodoxer Regel die Männer unten und die Frauen auf einer Empore sitzen. Im Innenraum befindet sich auch eine Gedenktafel für Zalman und Rywka Nożyk, die Gründer der Synagoge.

1940 wurde die Synagoge von den deutschen Besatzern geschlossen und diente in den Folgejahren als Stall und Futterlager. Nach dem Krieg, zu Zeiten des Kommunismus, war die schwer beschädigte Synagoge zwar zugänglich, aber es kamen kaum Besucher. Anfang der 1980er Jahre wurde sie dann vollständig restauriert.

Erst nach dem Fall des Kommunismus zogen wieder Juden nach Warschau. In den 1990ern kamen Rabbis aus den Vereinigten Staaten und Geld aus der jüdischen Diaspora in der ganzen Welt. Heute ist die Nożyk-Synagoge die wichtigste religiöse Stätte für die Warschauer Juden und auch Sitz des Oberrabbiners in Polen.

Das Gebäude liegt zwar etwas versteckt, aber trotzdem sehr zentral in der Nähe des Palastes für Kultur und Wissenschaften. Die grüne Umgebung der Synagoge ist eine Oase der Ruhe. Nichtjuden können das Gebäude nur durch den Besuchereingang betreten. Heutzutage wird die Synagoge nicht nur für religiöse Zwecke genutzt, sondern auch für Konzerte und Ausstellungen zur jüdischen Kultur.

Adresse Twarda 6, 00-950 Warschau | **ÖPNV** Bus 106, 302, Haltestelle Plac Grzybowski, von dort 200 Meter zu Fuß | **Öffnungszeiten** Mo–Fr 11–17 Uhr, Sa und So geschlossen, Eintritt: 10 Złoty | **Tipp** In der Nähe befindet sich die Ulica Prózna, eine der wenigen Straßen, wo noch ein Hauch des früheren jüdischen Warschau zu spüren ist. Hier lebte auch Zalman Nożyk.

72 Das Oldtimer-Museum

Wo sich Filmregisseure Autos ausleihen

Haben Sie schon mal von einem FSO Syrena gehört? Oder kennen Sie den Pobeda? Im Straßenverkehr sieht man diese zu Zeiten der Volksrepublik produzierten Autotypen kaum noch, denn inzwischen sind sie natürlich uralt, dazu nicht gerade umweltschonend und oft auch unpraktisch.

Trotzdem gibt es auch in Polen Fans von Autos aus vergangenen Zeiten. Immer mehr Bastler, Sammler und Liebhaber schließen sich zu Clubs zusammen. Abgesehen davon steigen die alten Autos immer mehr im Wert. Dies gilt auch für das bekannteste Oldtimer-Modell in Polen, den Polski Fiat. Jeder Pole kann Geschichten über dieses Mini-Vehikel erzählen. Kurz nach der politischen Wende landeten die Wägelchen zuhauf auf dem Schrottplatz, denn nun sollte unbedingt ein Westwagen her! Mittlerweile gibt es nur noch wenige Polski Fiats, und die sind zu begehrten Sammlerstücken geworden.

Die Familie Mikiciuk in Otrębusy, einem Vorort von Warschau, war da ein echter Vorreiter. Der Vater und seine Söhne sammeln nämlich schon seit den 1970er Jahren Oldtimer. Anfang der 1990er Jahre machten sie aus ihrer Sammlung ein Museum. Und was für eins! Scheinbar achtlos stehen in Otrębusy am Straßenrand, auf dem Hof und in Hallen Hunderte spektakulärer Oldtimer.

Die Autos, die man sich hier ansehen kann, stammen aus der ganzen Welt. Einige wurden sogar von Präsidenten gefahren, wie zum Beispiel ein ZIS, der von Stalin benutzt wurde. Weitere spektakuläre Exemplare sind ein ZIS-110, der im Dienst des polnischen Staatschefs Gomułka stand, sowie ein gepanzerter Peugeot 604 für Ministerpräsident Jaruzelski. So mancher Wagen, den die Familie Mikiciuk liebevoll restauriert hat, wurde übrigens auch schon für Dreharbeiten zu Spielfilmen ausgeliehen.

Und es gibt nicht nur Pkws, sondern auch andere Fortbewegungsmittel zu bestaunen: Fahrräder, Tretautos, Autobusse und sogar Panzer sind hier ausgestellt!

Adresse Ulica Warszawska 21, 05-805 Otrębusy, www.muzeum-motoryzacji.com.pl | **ÖPNV** Bahnhof Otrębusy WKD, von dort etwa zehn Minuten zu Fuß (Vorsicht, entlang einer stark befahrenen Straße) | **Öffnungszeiten** täglich 9–17 Uhr, Eintritt: 20 Złoty | **Tipp** In diesem Vorort von Warschau gibt es nicht wirklich weitere Sehenswürdigkeiten, aber Liebhaber von Oldtimern finden auf www.oldtimerwarsaw.com die Termine der größten Messe für historische Fahrzeuge in Polen.

73 Die orthodoxe Kirche

Ausnahme in einer katholischen Welt

Polen ist das katholischste Land Europas. Sogar zu kommunistischen Zeiten war die Macht der katholischen Kirche nahezu ungebrochen. Und nach wie vor definieren viele Polen sich vor allem über ihren katholischen Glauben.

Aber natürlich leben auch Angehörige anderer Glaubensrichtungen in diesem Land. Vor allem im 19. und frühen 20. Jahrhundert, als Polen unter Preußen, Österreich und Russland aufgeteilt war, gab es in Warschau viele Anhänger des orthodoxen Glaubens. Heutzutage trifft man in Polen noch immer auf kleine Gemeinschaften von sogenannten Altgläubigen. Sie sind Nachfahren von orthodox Gläubigen, die im 17. Jahrhundert aus Russland fliehen mussten, weil sie einige der vom Moskauer Patriarchen Nikon auferlegten Reformen der orthodoxen Kirche unter keiner Bedingung akzeptieren wollten.

Die letzten besuchen ein wunderbares Gotteshaus im Westen der Stadt, das 1903–1905 gebaut wurde und dem heiligen Jan Klimak geweiht ist. Außen weist der weiße Tempel mit seinen Zwiebelkuppeln und einem Fresko mit Madonnendarstellung über dem Eingang alle klassischen Merkmale einer orthodoxen Kirche auf. Das Gebäude wurde nach einem Entwurf von Wladimir Pokrowski errichtet, der sich an der religiösen Architektur des 17. Jahrhunderts in der russischen Region Rostow orientierte.

Auf dem Friedhof um das Gotteshaus herum stehen viele Kreuze mit dem typischen diagonalen Querbalken. Hier gibt es viele Gräber von Altgläubigen. Wer möchte, kann auch das Innere der Kirche besichtigen. In der Woche ist es meist sehr ruhig. Drinnen befindet sich eine für den orthodoxen Glauben typische Ikonostase, eine hölzerne Wand mit Heiligenbildern und drei Türen. Wie in orthodoxen Gotteshäusern üblich, gibt es keine Sitzbänke. Das muss auch nicht sein. Kurz in dieser anderen Welt eintauchen geht auch stehend.

Adresse Ulica Wolska 140, 01-258 Warschau, www.prawoslawie.pl. | ÖPNV Straßenbahn 10, 11, 13, 26, 27, Haltestelle Cmentarz Prawosławny | Öffnungszeiten tagsüber geöffnet | Tipp Etwa 300 Meter östlich befindet sich der Park Szymanskiego, wo in Juli und September jeden Abend um 21 Uhr die Fontänen im Teich zu einer Lichtshow hochschießen. Adresse: Ulica Elekcyjna (Park Edwarda Szymanskiego)

74 Das Papst-Kreuz

Hier kniete das Kirchenoberhaupt nieder

Einsam steht es da, das riesige Kreuz auf dem noch viel riesigeren Piłsudski-Platz. Heutzutage herrscht hier gähnende Leere, bis auf das Grabmal des Unbekannten Soldaten auf der einen Seite des Platzes, das Smolensk-Denkmal auf der anderen Seite und ebendieses Kreuz.

Dabei sah dieser Platz in der Vergangenheit ganz anders aus. Bis 1924 stand hier die riesige orthodoxe Alexander-Nevsky-Kathedrale, 1912 von den Russen gebaut, die damals das Sagen hatten. Als Polen nach dem Ersten Weltkrieg auf die europäische Landkarte zurückkehrte, wurde dieses Symbol der russischen Herrschaft nach nicht einmal zwölf Jahren wieder abgerissen.

Gut 50 Jahre später versammelten sich hier Hunderttausende von Gläubigen. Am 6. Juni 1979 nämlich war der polnische Papst Johannes Paul II. zu Besuch, als erstes Oberhaupt der katholischen Kirche, das ein kommunistisches Land bereiste. Denn ja, in Polen herrschte der Kommunismus, in Polen herrschte Unzufriedenheit, und in Polen herrschte Angst.

Es war den Kommunisten aber nie gelungen, die Macht der katholischen Kirche zu beschneiden. Der Besuch des Papstes war dann auch mit großer Spannung erwartet worden. Als er schließlich an diesem Junitag hier, auf dem Piłsudski-Platz, niederkniete, sprach er die für die Polen unvergesslichen Worte: »Ich, ein Sohn polnischer Erde, ich rufe aus der ganzen Tiefe dieses Jahrtausends zusammen mit euch allen: Herr, Dein Geist steige herab! Und erneuere das Antlitz der Erde! Dieser Erde! Amen.«

Es war dem Papst zwar von den Autoritäten untersagt worden, über Politik zu reden, aber jeder Pole verstand, was er mit seinen Worten, vor allem mit »Dieser Erde!«, gemeint hatte. Für viele waren sie ein erster Schritt Richtung Ende des Kommunismus in Polen. Genau 30 Jahre später, am 6. Juni 2009, wurde das elf Meter hohe Kreuz aus weißem Marmor hier eingeweiht.

Adresse Plac Piłsudskiego, 00-073 Warschau | ÖPNV Bus 111, Haltestelle Plac Piłsudskiego | Tipp Beim Grabmal des Unbekannten Soldaten auf der anderen Seite des Platzes findet jeden Tag um 12 Uhr ein Wachwechsel statt.

75 Das Parlamentsgebäude

Das Haus der polnischen Demokratie

Deutschland hat den Bundestag, Russland die Duma und Polen den Sejm. Diese Kammer, das Haus der gewählten Abgeordneten, ist der wichtigste Ort der polnischen Demokratie. Der Sejm befindet sich etwas südlich des historischen Zentrums. In dem weißen Kuppelgebäude an der Ulica Wiejska treffen sich während der Sitzungswochen die 460 polnischen Abgeordneten und diskutieren über die Pläne und Gesetzesentwürfe der polnischen Regierung. Oft geht es während der Sitzungen heiß her, denn seit der Machtübernahme der PiS (Prawo i Sprawiedliwość, auf Deutsch »Recht und Gerechtigkeit«) 2015 haben sich die Fronten zwischen den Parteien im Parlament verhärtet. Das hat auch dazu geführt, dass es oft Demonstrationen vor dem Sejm gibt. In den vergangenen Jahren haben Aktivisten sogar schon wahre Zeltlager in der Nähe des Sejms aufgebaut. Deswegen ist das Parlamentsgelände inzwischen mit Schutzzäunen abgesperrt. Vor dem Sejm steht übrigens ein Denkmal zur Erinnerung an die polnische Widerstandsarmee im Zweiten Weltkrieg.

Während in Deutschland der Bundestag jährlich Hunderttausende Besucher empfängt, wird der polnische Sejm kaum besucht. Das ist schade, denn er ist eines der ältesten Parlamente der Welt und hat eine interessante Geschichte. Schon im 15. Jahrhundert kamen polnische Adelige im sogenannten Landtag zusammen, um ihre Könige zu wählen. Ja, Sie haben richtig gelesen: Könige wurden in Polen gewählt. Sitzungen konnten allerdings sehr lange dauern, sie gingen oft über mehrere Tage.

Der Saal, in dem die Plenarsitzungen stattfinden, entstand in den 1920er Jahren im Stil des Modernismus. Wer ihn besichtigen möchte, kann sich beim Besucherdienst des Sejms melden. Während der sitzungsfreien Wochen gibt es kostenlose Führungen. Wenn Sie Glück haben, so wie ich, sind Sie der einzige Gast und können den Guide alles fragen, was sie schon immer über die polnische Politik wissen wollten.

Adresse Ulica Wiejska 4/6/8, 00-902 Warschau, www.sejm.gov.pl | ÖPNV Bus 107, 159, Haltestelle Wiejska 01 | Öffnungszeiten während der sitzungsfreien Wochen werden kostenlose Führungen angeboten | Tipp Im angrenzenden Park hinter dem Sejm gibt es die ziemlich coole Skateranlage »Jutrzenka«. Auch Zuschauen macht großen Spaß!

76 Die Pasaż Italia

Ehemalige Einkaufspassage mit besonderem Flair

Die »Pasaż Italia« zu finden ist nicht ganz einfach. Von der Straße Nowy Świat gelangt man durch einen der Durchgänge auf der westlichen Seite in Innenhöfe. Dort sieht man einige Tore, von denen eines der Zugang zur »Pasaż Italia« bildet. Die ehemalige Einkaufspassage ist mit Kuppeln aus altem, schmutzigem Glas überdacht, wodurch nur wenig gefiltertes Tageslicht reinkommt.

Als ich an einem Freitagnachmittag die »Pasaż Italia« aufsuche, sieht es hier aus wie an jedem Wochenende: ziemlich dunkel, etwas schmuddelig, aber irgendwie auch stimmungsvoll. In einer Ecke riecht es leicht nach Urin, die Wände sind mit Graffiti besprüht. Vor einer Kneipe sitzen junge Leute, die reden, rauchen, trinken, lachen. Ein Kneipenmitarbeiter rollt zur Vorbereitung auf das Wochenende schwere Bierfässer herein. Vor dem Zweiten Weltkrieg gab es in dieser ehemaligen Einkaufspassage berühmte Lokale wie das »Café Milano«, die »Bodega« und das »Café Italia«, Namen, die heute keiner mehr kennt. Jetzt gibt es nur noch diese eine Kneipe. Die anderen Lokale stehen leer oder werden als Lagerraum benutzt.

Entstanden ist die Passage in den 1920er Jahren. Ein Italiener namens Alfredo Frassati kaufte sie 1929 für seine Nichte Luciana Frassati, die mit einem polnischen Botschafter verheiratet war. Frassati selbst eröffnete hier ein großes Café mit dem Namen »Italia«, in dem auch getanzt werden konnte. In den 1930er Jahren herrschte aber auch in Warschau eine Wirtschaftskrise, weshalb er das Café 1935 schließen musste. In der Folge gab es zwar wieder Cafés, auch Geschäfte und sogar ein Kino, aber richtig prosperieren wollte die Einkaufs- und Ausgehpassage nie. Wegen ihrer relativ isolierten Lage hinter den Hauptstraßen überstand sie glücklicherweise den Zweiten Weltkrieg unbeschadet. Doch bis zum heutigen Tag wartet sie nach wie vor auf einen Investor mit einem guten Nutzungskonzept.

Adresse Nowy Świat 23/25 (Innenhof), 05-800 Warschau | ÖPNV Bus 111, 116, 128, 175, 180, Haltestelle Foksal 01 | Öffnungszeiten zu besichtigen, wenn die Kneipe geöffnet hat, meist ab Mittag | Tipp Auf der anderen Seite der Ulica Nowy Świat befinden sich die sogenannten »Pawilony«, wo man in alternativer Atmosphäre auch gut ausgehen kann.

77 Die polnisch-sowjetischen Freundschaftshäuser

Ein Relikt aus der Sowjetzeit

Eine der faszinierenden Gegenden ist im Westen der Stadt zu finden: »Osiedle Przyjaźń«, das sogenannte polnisch-sowjetische Freundschaftswohnviertel. Wie auch anderenorts in Warschau wurden hier nach dem Zweiten Weltkrieg zahlreiche Häuser aus Holz errichtet. Ein Teil des Materials kam aus Finnland, andere Gebäude standen vorher im Kriegsgefangenenlager »Hohenstein« bei Olsztynek.

Anfang der 1950er Jahre wurde im Zentrum Warschaus in Rekordgeschwindigkeit der riesige Palast für Kultur und Wissenschaft hochgezogen. Als »Geschenk« von Stalin wurde er unter der Schirmherrschaft der Sowjetunion gebaut. Deswegen waren Tausende sowjetischer Ingenieure und Bauarbeiter in der Stadt, die während ihres Aufenthalts in dem Viertel Przyjaźń wohnten.

Für eine angemessene Infrastruktur war gesorgt – die Siedlung verfügte über eine eigene Heizanlage, eine medizinische Klinik, ein Badehaus, eine Feuerwehr, ein Kino und einen Sportplatz. Die 33 einstöckigen Pavillons wurden von einfachen Arbeitern bewohnt, die 77 Häuser mit höherem Standard waren für Ingenieure bestimmt. Die Bewohner sollten hier ein gutes Leben haben.

Als 1955 das höchste Gebäude Warschaus aus dem Boden gestampft war, kehrten die Sowjets in ihre Heimat zurück. Danach zogen Akademiker und Studenten in das Wohnviertel.

Heutzutage befinden sich auf dem riesigen, etwa 32 Hektar großen Gelände 25 Studentenheime, 77 Einfamilienhäuser und 35 Wohnungen, die teilweise gemeinschaftlich genutzt werden. Das Viertel wird bis zum heutigen Tag vor allem von Wissenschaftlern und Studenten bewohnt. Auch wenn die Gegend teilweise einen etwas vernachlässigten Eindruck macht, leben die Leute hier ruhig und im schönen Grün. Fragt sich nur, wie lange das Viertel noch erhalten bleibt, denn die Nachfrage nach Grundstücken ist enorm.

Adresse Osiedle Przyjaźń, 01-355 Warschau | ÖPNV Straßenbahn 10, 11, 26, 40, Haltestelle Czumy | Tipp Läuft man ein Stück Richtung Westen, gelangt man zum Górczewska-Park mit großen Spielanlagen für Kinder.

78 Der Poniatówka-Strand

Chillen am Fluss, mitten in der Stadt

Am Abend, wenn im Westen die Sonne langsam über der Warschauer Altstadt untergeht, ist es am schönsten am Fuß der Poniatówka-Brücke. Während gelb-rote Straßenbahnen und Busse mit viel Lärm über die alte eiserne Brücke hoch oberhalb des Flusses rattern, lassen die Hauptstädter es sich am Wasser gut gehen.

Hier, am Ufer der Weichsel, kann man in einer der Strandbars, wie »Temat Rzeka« oder »Plazówa«, ein Bier oder ein Cocktail bestellen und es sich in einer Liege gut gehen lassen. Für Hungrige steht oft auch ein Foodtruck bereit. DJs legen chillige Loungemusik auf, eine junge Mutter tanzt barfuß mit ihrer kleinen Tochter im Sand. Ein paar Meter entfernt spielen ein paar Freunde ausgelassen Volleyball, während auf einem Pfad direkt am Fluss Radfahrer und Jogger unterwegs sind. Und auf einer Buhne sitzen zwischen dem Gestrüpp Schülerinnen mit Cola und Gettoblaster und rauchen heimlich eine Zigarette.

Es ist noch gar nicht lange her, da lebte die Stadt sozusagen mit dem Rücken zum Fluss. Kein Hauptstädter interessierte sich in den 1990ern für die Weichsel, dafür waren sie viel zu sehr damit beschäftigt, Geld zu verdienen. Das hat sich in den vergangenen Jahren aber völlig geändert. Der Fluss und der Auenwald entlang des Ufers sind inzwischen für die Warschauer beliebte Orte, sei es zum Entspannen, Sporttreiben, Sichtreffen oder Tanzen.

Heutzutage gibt es hier also Tischtennisplatten, Kinderspielplätze, und im Sommer kann man Kajaks mieten. Und mit einer Fähre kann man kostenlos ans andere Ufer übersetzen, dorthin, wo die Altstadt anfängt. Im Hintergrund ragt das spektakuläre rot-weiße PGE-Nationalstadion empor. Und obwohl mitten in der Stadt, soll man hier hin und wieder sogar Elche sehen können, die entlang des Flusses die Stadt von Norden nach Süden durchqueren. Was für ein Ort … Komm, ich bestell mir noch einen Drink. Ja, das Leben könnte schlechter sein!

Adresse Poniatówka-Strand, 03-901 Warschau | ÖPNV Straßenbahn 9, 24, Haltestelle Rondo Waszyngtona | Tipp Am Verkehrskreisel (Rondo Waszyngtona) steht eine Büste zu Ehren des Pianisten und Politikers Ignacy Jan Paderewski (1860–1941).

79 Das PRL-Museum

So sah die Volksrepublik Polen aus

Bis 1989 gab es sie, die polnische Volksrepublik. Auf Polnisch die *Polska Rzeczpospolita Ludowa*, meist abgekürzt PRL genannt. Seit 2019 kann man in einem Museum in der Nähe des Plac Konstytucji im Zentrum der Stadt typische Alltagsobjekte aus der Zeit der PRL besichtigen.

Tja, so was muss man mögen, und ja, ich mag es sehr. Das Museum bietet einen guten Überblick über die unterschiedlichen Phasen der polnischen Nachkriegszeit bis 1989: von den optimistischen Anfangsjahren über den Aufbau in den 1960ern und 1970ern bis zu den Krisen der 1980er.

Obwohl in Zeiten des Kalten Kriegs der Einfluss der Partei nie weit weg war, gab es vor allem kurz nach dem Ende des Zweiten Weltkriegs eine große Begeisterung unter der Bevölkerung für den Wiederaufbau des Landes. Und obwohl zu kommunistischen Zeiten oft ein Mangel an vielen Produkten herrschte, blühte das kulturelle Leben. Die Menschen trafen sich in Kneipen, gingen ins Kino und zu Konzerten.

Rockliebhaber können deswegen im zentralen Ausstellungsraum des Museums Mick Jagger in Dauerschleife genießen, denn es gibt Schwarz-Weiß-Bilder des einzigen Konzerts der Rolling Stones im Ostblock überhaupt, das 1967 im Palast für Kultur und Wissenschaft in Warschau stattfand.

Ausgestellt sind Objekte wie der legendäre Maluch, der kleine Polski Fiat, aber auch Staubsauger, Seife, Plattenspieler und sogar eine Telefonzelle aus den 1970er Jahren. Auch wurde eine typische kleine polnische Wohnung nachgebildet, komplett mit Miniküche und Badezimmer, inklusive orangefarbenem Klorollenhalter aus Plastik und grauem Klopapier. Dieses Klopapier war zu PRL-Zeiten übrigens nicht selbstverständlich, denn in den 1980ern gab es regelmäßig Engpässe bei der Versorgung des Volkes mit dem Wischpapier.

Zum Abschluss des Museumsbesuchs kehrt man dann bei einer Tasse Kaffee im angeschlossenen Café in die Gegenwart zurück.

Adresse Ulica Piękna 28/34, 00-547 Warschau, www.mzprl.pl | **ÖPNV** u. a. Bus 131, 501, 511, 522, Haltestelle Plac Konstytucji | **Öffnungszeiten** täglich 10–18 Uhr | **Tipp** Die Biblioteka na Koszykowej ist eine öffentliche Stadtbücherei mit moderner Innenarchitektur und spektakulär begrünten Innenwänden (Ulica Koszykowa 26).

80_Die Pu-der-Bär-Straße

Weltweit die einzige Kinder-Bärenstraße!

Auf Polnisch heißt sie natürlich anders, die »Pu-der-Bär-Straße«, nämlich Ulica Kubusia Puchatka. Das klingt eigentlich noch viel niedlicher, oder?

Die Kubusia-Puchatka-Straße ist leicht zu übersehen, denn sie ist eine Nebenstraße und noch dazu eine sehr kurze. Sie liegt aber ganz zentral, etwa gegenüber der Metrostation Nowy Świat-Uniwersytet, unweit der Krakowskie Przedmiescie, wo sich die touristischen Highlights der Hauptstadt befinden. Besucher werden die Straße sofort an der in der Wand eingemauerten Pu-der-Bär-Steintafel erkennen, auf der man den entspannten Honigliebhaber zusammen mit seinem Freund Ferkel sieht. Es gibt sogar zwei dieser Steintafeln in der Straße.

Seinen Ursprung hat Pu der Bär übrigens in den 1920er Jahren in England, als der Schriftsteller Allen Alexander Milne einen »Bären von sehr geringem Verstand« namens Winnie the Pooh als Hauptfigur für ein Kinderbuch erschuf.

Nach dem Zweiten Weltkrieg lag die polnische Innenstadt komplett in Schutt und Asche. Dort, wo einst Mietskasernen gestanden hatten, wurden nun neue Wohnblöcke errichtet und auch eine neue Straße angelegt, die nur 149 Meter lang, aber 23 Meter breit ist: die Ulica Kubusia Puchatka. Nach der Fertigstellung der Wohnhäuser im Jahr 1954 pflanzte man noch 40 prächtige Lindenbäume, die damals schon 20 Jahre alt waren und aus Stettin kamen.

Den ungewöhnlichen Namen konnte die Straße erst nach dem Tod Stalins 1953 bekommen, weil damals eine politische Tauperiode einsetzte, in der neue Straßen nicht mehr nur nach berühmten Kommunisten benannt wurden. So rief die Tageszeitung »Express Wieczorny« ihre Leser dazu auf, Vorschläge für den Namen der neuen Straße einzureichen. Und irgendwie schaffte es der Vorschlag »Ulica Kubusia Puchatka«, die Herzen der Stadtplaner zu gewinnen. Übrigens soll es die einzige »Pu-der-Bär-Straße« auf der ganzen Welt sein!

Adresse Ulica Kubusia Puchatka, 00-040 Warschau | ÖPNV Metro M2, Haltestelle Nowy Świat-Uniwersytet | Tipp Im Völkerkundemuseum in der nicht weit entfernt gelegenen Ulica Kredytowa kann man sich Objekte aus der ganzen Welt anschauen.

81 Das Puppenstubenmuseum

Wo Kinder und Erwachsene träumen können

Schöne heile kleine Welt – wer mag sie nicht, Puppenstuben? In einem der Innenhöfe des gigantischen Kulturpalasts befindet sich eines der skurrilsten Museen der Stadt – das Puppenstubenmuseum. Bereits im Foyer wird der Besucher von einer wohligen, beruhigenden Fünfziger-Jahre-Atmosphäre, die übrigens im ganzen Kulturpalast herrscht, empfangen. Zunächst einmal sollte man mit dem Mantel auch die Eile ablegen, in aller Ruhe eine Eintrittskarte kaufen und der Frau am Ticketschalter zulächeln, denn gleich betreten Sie eine andere Welt.

Doch ehe es so weit ist, wird eine Mitarbeiterin fragen, wie man denn eigentlich ins Museum zu kommen gedenkt. Stimmt, hier ist ja gar keine Tür, da steht nur ein Schrank! Ach so, es geht *durch* den Schrank ins Puppenstubenmuseum hinein.

Auf mehrere Räume verteilt, kann man sich mehr als 130 gigantische Puppenhäuser aus den letzten beiden Jahrhunderten anschauen. Hier herrscht noch das herrlich übersichtliche Familienbild vergangener Zeiten: ordentliche Häuser, in denen glücklich verheiratete Eltern mit ihren wohlerzogenen Kindern leben. Aber nicht nur Wohnhäuser kann man bestaunen, ebenso sind Schulen, Läden, Krankenhäuser und sogar Kirchen mit großer Liebe zum Detail nachgebaut worden. Es geht aber nicht nur um die Gebäude. Auch die in ihnen platzierten Puppen geben Aufschluss über das Leben vergangener Zeiten.

Die meisten Exponate stammen aus Polen, daneben gibt es einige englische und deutsche Ausstellungsstücke. In den vergangenen Jahrhunderten waren vor allem in Deutschland, Holland, England und Italien Puppenstuben extrem beliebt.

Es ist nicht allzu viel los an dem Tag, als ich zu Besuch bin, ich sehe nur zwei Elternpaare mit jeweils einer Tochter, die sich die Stuben fasziniert anschauen. Fast flüsternd stehen sie vor den Vitrinen, als ob der Zauber in den Räumen nicht durch Lärm gestört werden sollte. Heile Welt, bleibe bitte so …

Adresse Plac Defilad 1, 00-901 Warschau | ÖPNV Hauptbahnhof (Dworzec Centralny), von dort etwa fünf Minuten zu Fuß | Öffnungszeiten täglich 9–19 Uhr | Tipp Auf der anderen Seite des Gebäudes befindet sich der Haupteingang des 231 Meter hohen Kulturpalasts. Von dort haben Sie Zugang zu der spektakulären Aussichtsplattform.

82 Die Retro-Eisdiele

Miami Vice lässt grüßen!

Voll retro! Oder heißt es Vintage? Ach, egal, denn die Eisdiele »Lukullus Saint-Tropez« in der Nähe der Universität ist ein absolutes Schmuckstück. Wer es nicht kennt, würde wahrscheinlich einfach an dem Lokal vorbeigehen, denn von außen sieht er nicht sonderlich spektakulär aus. Aber einmal drinnen, findet sich der Besucher plötzlich in einer phantastischen Achtziger-Jahre-Atmosphäre wieder. Wer die legendäre Fernsehserie »Miami Vice« mag, fühlt sich hier sofort wohl. Die metallene Einrichtung des Lokals ist in allen Nuancen der Farben Pink, Orange und Lila gehalten. Es gibt überall Spiegelungen und reflektierendes Licht. Und dazu eine Menge künstlicher Palmen. Richtig krass! Am krassesten ist aber vielleicht die … Toilette, quasi mitten im Raum eingebaut, ebenfalls im Retro-Stil.

Trotz der Atmosphäre vergangener Zeiten wurde die Eisdiele erst vor Kurzem mit viel Geschmack entworfen und dann 2019 geöffnet. Die Familie der Eigentümer betreibt schon seit 1946 Kaffeehäuser in der polnischen Hauptstadt und hat irgendwie die kommunistische Zeit überlebt. Die Idee für die stilvolle Gestaltung bekamen die Eigentümer, nachdem sie in einer Zeitschrift über ein ähnliches Lokal in Italien gelesen hatten. Ja, so sollte eine Eisdiele aussehen! Farbig, fröhlich, etwas schrill, aber nicht kitschig.

Das Wichtigste ist aber natürlich das Eis. »Lukullus Saint-Tropez« bietet zehn klassische Sorten an, Milcheis und Sorbets, von Vanille über Schokolade bis zu Erdbeer. Übrigens sollen der Kaffee und der Kuchen hier auch richtig gut sein … Ich nehme an diesem heißen Tag eine süße Kalorienbombe aus Limone mit Mango und setze mich zu den Studenten und den jungen Eltern, die mit ihren Kindern gekommen sind und in der Sommerhitze draußen sitzen. Eigentlich fehlt nur noch die kubanische Musik von Gloria Estefan und ihrer Miami Sound Machine: »Come on, shake your body, baby, do the conga!«

Adresse Lukullus Saint-Tropez, Rozbrat 22/24, 00-447 Warschau, www.cukiernialukulllus.pl | **ÖPNV** Bus 108, 162, 171, Haltestelle Śniegockiej | **Öffnungszeiten** täglich 9–20 Uhr | **Tipp** Etwa 800 Meter nordöstlich steht an der Weichsel das beeindruckende Denkmal der Pioniere (»Pomnik Chwala Saperom«): sechs etwa 17 Meter hohe Stelen, die an die Landung der Pioniere an dieser Stelle im Zweiten Weltkrieg erinnern (Bus 185, Haltestelle Pomnik Sapera).

83 Der romantische Strand

Mit dem Kajak in die Innenstadt

Zakaz kąpieli, Schwimmen verboten, steht auf einem großen Schild am Ufer der Weichsel. Zu Recht, denn die Strömung hier ist sehr stark, vor allem für kleine Kinder wäre schwimmen in der Weichsel gefährlich. Das Verbotsschild ist aber auch das Einzige, was hier etwas unromantisch wirkt. Ansonsten bietet der Plaza Romantyczna etwa 15 Kilometer südöstlich des Zentrums viel Platz zum Entspannen, und gewiss auch für Romantik … Eine kleine Bar, ein Volleyball- und ein Basketballfeld, ein Kinderspielplatz und ein feiner gelber Sandstrand inmitten der Natur stehen den Besuchern zur Verfügung. Sogar ein Lagerfeuer ist hier erlaubt, Grillen ebenso. In den Sommermonaten ist der Strand außerdem gratis mit einer Minifähre vom gegenüberliegenden Wilanów-Strand zu erreichen.

Und wem das alles nicht reicht: In der Sommersaison paddeln hier jeden Morgen Kajak-Liebhaber mit der Strömung flussabwärts Richtung Zentrum der Stadt. Jedermann kann eine Kajak-Tour buchen, zwar nicht vor Ort, aber bei einem der vielen Reisebüros in Warschau.

Vor allem aber gibt es hier Ruhe! Kaum vorzustellen, dass diese Gegend offiziell noch zur Stadt gehört. Wer sich ein paar Meter vom Strand entfernt, befindet sich in einer Art Auenwald, einem wilden Dschungel, der kaum zu durchdringen ist. Nur ein abenteuerlicher Pfad führt in beiden Richtungen entlang des Flusses, der für Fahrradfahrer aber nicht zu empfehlen ist.

Trotz der Wildnis ist auch hier der »Fortschritt« nicht zu übersehen. Flussabwärts erhebt sich in der Ferne die spektakuläre Skyline der polnischen Hauptstadt. Flussaufwärts stehen Kräne, aus der Stadt weht Baulärm über die Weichsel. Ja, auch weit außerhalb des Zentrums ist der Bauboom in vollem Gange. Das muss einen hier aber nicht allzu viel kümmern. Dafür ist dieser Strand, zum Beispiel bei einem sommerlichen Sonnenuntergang, einfach zu romantisch …

Adresse Rychnowska 15, 04-866 Warschau, www.plazaromantyczna.pl | **ÖPNV** Anfahrt am besten mit dem Fahrrad, zum Beispiel ab Bahnhof Międzylesie, etwa fünf Kilometer entfernt, oder im Sommer mit der Fähre vom gegenüberliegenden Wilanów-Strand | **Öffnungszeiten** immer zugänglich | **Tipp** Auf der gegenüberliegenden Seite des Flusses befindet sich einer der wenigen FKK-Strände (ein Teil des Wilánow-Strands) in Polen.

84_Das Rundfunk-Studio

Perfekte Akustik im Betonklotz

Was ist das denn für ein seltsamer Kasten? Im Süden von Warschau steht an der Zygmunta-Modzelewskiego-Straße ein hoher, massiver Betonklotz, der von außen eher abweisend, im Inneren aber sehr einladend aussieht. In diesem Gebäude befindet sich das »Studio S1« des polnischen Rundfunks, ein Konzertraum, der in akustischer Hinsicht zu den besten in Polen gehört. Wenn es um die Aufzeichnung von Konzerten geht, ist dieser schöne holzgetäfelte Saal wahrscheinlich sogar der beste in ganz Osteuropa. Dank seiner außergewöhnlichen akustischen Bedingungen – der Saal hat einen natürlichen Nachhall von zwei Sekunden – eignet sich das Studio hervorragend für Aufnahmen von klassischer Musik, Orchestern, Chören, Kammerensembles und Solisten. Viele Konzerte werden an ausländische Radiosender übertragen, sie sind der polnische Beitrag zur Konzertsaison der Europäischen Radiounion.

Vor dem riesigen Gebäude weht die polnische Flagge. Gerade kommt eine Stretchlimousine vorgefahren. Welcher berühmte Musiker tritt hier wohl heute auf? Viele Stars der klassischen Musik waren hier schon zu Gast, polnische ebenso wie ausländische Künstler.

»Studio konzertowe polskiego radia im. Witolda Lutosławskiego« lautet der ziemlich sperrige Name des 1991 eröffneten Studiokomplexes. Er wurde 1996 nach dem gebürtigen Warschauer Witold Lutoslawski benannt, einem der besten polnischen Komponisten des vergangenen Jahrhunderts, der 1994 starb. 1993 fand hier die Premiere seiner »Vierten Symfonie« statt, dirigiert von Antoni Wit.

Es gibt viele Besucher, die regelmäßig zu den klassischen Radiokonzerten kommen. Nicht nur abends, sondern auch morgens wird hier musiziert. Auch Opern werden hier aufgenommen und Musik-Märchen für Kinder aufgeführt. Außerdem finden hier internationale Musikfestivals sowie Literaturlesungen statt. Für alle Kulturinteressierte also ein spannender Ort, den man nur empfehlen kann.

Adresse Ulica Zygmunta Modzelewskiego 59, 00-977 Warschau, www.studianagran.com.pl | **ÖPNV** Straßenbahn 4, 10, 14, 15, 18, 31, 35, Haltestelle Telewizja Polska | **Öffnungszeiten** zu den Konzerten und sonstigen Veranstaltungen geöffnet | **Tipp** Wer sich auch mal die polnischen Fernsehstudios ansehen möchte: Auf dem Gelände nebenan befinden sich die Studios von TVP.

85 Der schicke Souvenirladen

Erinnerungsstücke mit Geschmack

Wer verreist, will gern etwas mit nach Hause bringen. Aber was soll es sein? Viele Souvenirs sind eher langweilig statt originell und noch dazu von schlechter Qualität. Solche Produkte findet man zum Glück nicht im »Love Poland Design«. Der Laden mit dem schlichten Namen befindet sich in einem Innenhof der Chmielna-Straße im Zentrum der Stadt.

»Love Poland Design« wurde 2013 von den Schwestern Agata und Magda Krulikowska gegründet. Die beiden energischen Frauen bieten in ihrem Geschäft ausschließlich zeitgenössisches Design von hoher Qualität an. Alle Produkte werden von Hand und nur in kleiner Stückzahl gefertigt. Die Krulikowska-Schwestern achten auf Details und mögen einen etwas naiven Stil, der oft an das Design aus den Zeiten der Volksrepublik Polen erinnert.

Man kann übrigens auch individuelle Produkte in Auftrag geben. So hat das Unternehmen »Facebook« für seinen Sitz in Warschau Thermobecher von »Love Poland Design« gestalten lassen.

Kunden bekommen in dem Geschäft der Krulikowskas zum Beispiel eingerahmte Bilder von bekannten Orten der polnischen Hauptstadt, darunter natürlich der Kulturpalast, aber auch das Nationalstadion. Es werden aber Motive aus ganz Polen angeboten, zum Beispiel Schultertaschen mit dem Aufdruck der Mole (Seebrücke) in Sopot an der Ostseeküste. Außerdem gibt es Trinkbecher, Kalender, Schreibwaren, Buttons und Kinderspielzeug.

Während ich die Poster im Laden bestaune, entscheidet neben mir ein amerikanisches Touristenpaar sich nach langem hin und her für ein paar Socken mit einen schönem Print der Warschauer Meerjungfrau.

Ja, die beiden haben's gut. Ich kann mich noch immer nicht entscheiden, welche Einkaufstasche aus Baumwolle ich erwerben werde, die mit dem Bild des polnischen Astrologen Jan Kopernikus oder doch lieber die mit Fryderyk Chopin …

Adresse Love Poland Design, Ulica Chmielna 30 (Innenhof), 00-020 Warschau | ÖPNV Metro M1, Haltestelle Centrum | Öffnungszeiten Mo–Fr 12–18 Uhr | Tipp In der Fußgängerzone vor dem Innenhof gibt es einen sehr schönen Kaffeeladen namens »Lukullus«.

86 Das schmalste Haus

Kunstprojekt im ehemaligen Getto

Nein, spektakulär ist es nicht, das Keret-Haus. Und außerdem fragt sich der Besucher: Bin ich hier wirklich richtig? Nur ein schmaler Streifen aus undurchsichtigem Kunststoff zwischen zwei Häusern ist zu sehen, vielleicht ein Meter breit. Soll das tatsächlich ein Haus sein? Dann entdecke ich, dass der Blick auf dieses Kunstobjekt von der Rückseite des Gebäudekomplexes besser ist. Interessierte sollten sich also vom Parkplatz im Innenhof aus das Keret-Haus anschauen.

Um jedoch ehrlich zu sein: Auch von dieser Seite ist die Sicht immer noch nicht spektakulär, wohl aber ist es die Geschichte der Entstehung. Denn hier, im ehemaligen jüdischen Getto, befindet sich das schmalste Haus Europas, entworfen von Jakub Szczesny. Der Warschauer Architekt hatte vor etwa zehn Jahren die Idee, an dieser Stelle ein Haus zu bauen, das an die ehemaligen jüdischen Bewohner der Straße erinnert. Benannt ist es nach dem israelischen Schriftsteller Etgar Keret, geboren in Tel Aviv, dessen Eltern in der Żelazna-Straße geboren wurden.

2012 übernachtete der Sohn jüdischer Eltern selbst in diesem Kunstobjekt, das an der breitesten Stelle 152 und an der schmalsten Stelle 92 Zentimeter misst. Der Gast kann also nur »in einer Richtung« schlafen. Während seines Besuchs hatte Keret einige bewegende Begegnungen mit alten Einwohnern aus der Nachbarschaft, die sich an seine Eltern erinnerten. Für den Schriftsteller ist das Haus seit seinem Besuch tatsächlich sein »Zuhause«.

Im vergangenen Jahrzehnt hielten sich mehrere ausländische Künstler in der 14 Quadratmeter großen Wohnung auf, während sie sich mit der Geschichte Warschaus beschäftigten. Leider kann sie nur in Ausnahmefällen besichtigt werden, aber auch von außen bekommt man einen Eindruck von dem Objekt, das sich genau dort befindet, wo Kerets Mutter während des Zweiten Weltkriegs als Mädchen Brot durch ein Loch in der Mauer in das jüdische Getto schmuggelte.

Adresse Ulica Żelazna 74, 00-875 Warschau, www.kerethouse.com | **ÖPNV** Bus 157, Haltestelle Gwiaździsta | **Öffnungszeiten** Anfrage für eine Besichtigung eine Woche im Voraus per E-Mail (domkereta@gmail.com) | **Tipp** Nur ein paar hundert Meter entfernt, an der Ulica Chłodna 29, befindet sich das Samocentrum (www.samocentrum.com), wo regelmäßig Ausstellungen zeitgenössischer Kunst stattfinden.

87 Der Schokoladen-Laden

Seit mehr als 160 Jahren weltberühmt

Wer an Polen denkt, dem kommt wahrscheinlich nicht gleich Schokolade in den Sinn. Nichtdestotrotz ist das »Café E. Wedel« im Zentrum Warschaus ein absolutes Muss für Fans der süßen Sünde. Denn hier wird schon seit 1894 die berühmte Wedel-Schokolade verkauft, die nicht nur in Polen, sondern weltweit bekannt ist.

Das Café ist auch wegen seiner Einrichtung einen Besuch wert. Die rosaroten Tapeten, das gedimmte Licht und der schöne Holzboden laden zu einer gemütlichen Stunde ein. Schwierig wird es bei der Auswahl angesichts der Türme an Pralinen, Lebkuchen und Karamellbonbons, die in den Vitrinen angeboten werden. Viele Besucher wählen letztendlich der Einfachheit halber die klassische Trinkschokolade.

Die Geschichte des Geschäfts reicht zurück bis zum Jahr 1851, als der deutsche Karl Ernst Wedel nach seiner Ausbildung zum Konditor in Berlin, Paris und London in Warschau eine Konditorei eröffnete. Er spezialisierte sich auf exklusive Bonbons. Dies tat er sehr erfolgreich, denn schon bald waren die »Wedelbonbons« bei der Warschauer Oberschicht sehr beliebt.

1894 eröffnete sein Sohn dann das Schokoladen-Café an der Szpitalna-Straße. Mittlerweile beschäftigte man über 1.000 Mitarbeiter, die die Wedel-Produkte in einer Schokoladenfabrik im Stadtteil Praga herstellten. In den 1930er Jahren wurden Wedel-Süßigkeiten nach Paris, London und Nordamerika exportiert.

Nach dem Zweiten Weltkrieg wurde das Unternehmen im kommunistischen Polen unter dem Namen »22. Juli« verstaatlicht. Der letzte Wedel-Eigentümer starb 1960 einsam und ohne Nachfahren in der Szpitalna-Straße.

Mittlerweile ist das Unternehmen wieder privatisiert und befindet sich in koreanischen Händen. Den Besuchern ist es aber gewiss egal, wem das Unternehmen gehört, denn sie wollen eigentlich nur eins: die herrliche Schokolade im wundervollen Ambiente genießen.

Adresse Café E. Wedel, Szpitalna 8, 05-800 Warschau, www.wedelpijalnie.pl | **ÖPNV** Bus 107, Haltestelle Krucza | **Öffnungszeiten** täglich 8–22 Uhr | **Tipp** Etwas weiter nördlich steht auf dem Plac Powstańców Warszawy ein Mahnmal zur Erinnerung an die polnischen Widerstandskämpfer.

88 Die schöne Metrostation

Ist es ein Ufo? Oder eine gigantische Discolampe?

Moskau hat sie seit 1935, Budapest schon seit 1896, Prag immerhin seit 1974: die Metro. In Warschau ging der Inbetriebnahme einer Untergrundbahn eine überaus lange Planungszeit voraus.

Überlegungen für den Bau eines Untergrundverkehrssystems gab es immer wieder, und große Probleme bei der Umsetzung dieser Pläne ebenso. Schon in den 1920er Jahren wurden Metrolinien geplant, aber immer kam etwas dazwischen: Kriege, komplizierte Bodenschichten, Finanzlücken im Stadthaushalt, politische Krisen. Kurz nach dem Zweiten Weltkrieg stellte der »große Bruder« Stalin die Polen dann vor die Wahl: »Welches Geschenk wollt ihr, einen riesigen Kulturpalast oder eine Metro?« Es wurde ein Palast. Und die Warschauer mussten selbst zusehen, wie sie mit dem Verkehr in der Hauptstadt klarkamen.

In den 1950er Jahren wurde in großer Tiefe schon einmal ein 800 Meter langes Tunnelstück gegraben, aber danach wieder vergessen. Bis zur Eröffnung der ersten Metrostrecke in Polens Hauptstadt dauerte es schließlich bis 1995. Mittlerweile gibt es zwei Linien, und es wird fleißig an neuen Bahnhöfen gebaut.

Obwohl das Metrosystem also erst gute 27 Jahre alt ist, besitzt einer der Bahnhöfe schon jetzt Kultstatus: die Haltestelle Plac Wilsona. Wer hier aussteigt und auf einer der Rolltreppen Richtung Ausgang hochfährt, nähert sich langsam einer Art riesigem, beleuchtetem Ei in Violetttönen an der Decke. Voll retro!

Die Haltestelle, nach dem amerikanischen Präsidenten Woodrow Wilson benannt (Wilson hatte sich stark für Polen eingesetzt), wurde erst 2005 eröffnet. Und ja, die farbliche Gestaltung und die Beleuchtung sind wirklich beeindruckend. Was, Sie sind nicht überzeugt? Das kann nicht sein, denn Experten wählten Plac Wilsona 2008 auf einem internationalen Metro-Kongress in Kopenhagen zum schönsten in jüngster Zeit gebauten Metrobahnhof auf der ganzen Welt!

Adresse Metrohaltestelle Plac Wilsona, 00-001 Warschau | **ÖPNV** Metro M1, Haltestelle Plac Wilsona | **Öffnungszeiten** die Metro fährt von morgens früh bis abends spät | **Tipp** Östlich des Platzes steht in einem Park das ehemalige Fort Sokolnickiego, in dem heute ein Kunstzentrum untergebracht ist.

89_Die schützende Seejungfer

Was macht sie hier, das Meer ist doch weit weg?

Wer sich aufmerksam umschaut, findet sie überall in der Stadt: die Syrenka, Warschaus Wahrzeichen. Die hübsche Seejungfer gibt es als Skulptur, an Hauswände gemalt, unter Brücken, auf Plätzen. Zu kommunistischen Zeiten wurde sogar ein polnisches Auto nach ihr benannt. Ja, die Syrenka ist allgegenwärtig. Und das ist auch gut so. Schließlich schützt sie die Stadt vor allem Bösen!

Etwas eigenartig ist es trotzdem, eine Seejungfer in der Hauptstadt. Das nächste Meer, die Ostsee, ist immerhin Hunderte von Kilometern entfernt. Es gab aber einmal vor vielen Jahren eine Meerjungfrau, die neugierig war und von der Ostsee aus die Weichsel runterschwamm. Ihr gefiel die Gegend um Warschau, das damals noch ein kleines Fischerdorf war. Sie genoss die Sandbänke und das klare Wasser und entschied sich zu bleiben. Tagsüber sang sie, es klang ganz wunderbar.

Leider war da aber ein gieriger Kaufmann, der beschloss, die Seejungfer zu fangen und in einer Kiste auf dem Marktplatz auszustellen. Die Ärmste weinte gar bitterlich. Ein paar junge Kerle konnten das nicht ertragen und befreiten sie. Als Dankeschön beschloss die Seejungfer, von dem Tag an das Fischerdorf Warschau für immer zu schützen.

Und ja, noch immer soll sie im Fluss leben. Ab und zu mal kommt sie heraus, um sich die Entwicklung der Stadt anzuschauen. Wenn Sie Glück haben, werden Sie sie also selbst sehen. Wenn nicht, dann müssen Sie sich zum Beispiel mit der Skulptur der Meerjungfrau an der vor einigen Jahren neu gestalteten Flusspromenade begnügen. Sie wurde 1939 geschaffen, eine junge Warschauerin namens Krystyna Krahelska saß dafür Modell.

Nehmen Sie sich Zeit, lassen Sie sich mit einem Eis auf einer der Sitzbänke nieder und schauen Sie sich die schöne und tapfere Syrenka an. Hinter ihr fließt die Weichsel langsam Richtung Ostsee. Huch, was war das? Schaute da gerade die Seejungfer aus den Wellen hoch?

Adresse Generala George´a Smitha Pattona, 00-401 Warschau | ÖPNV Metro M2, Haltestelle Centrum Nauki Kopernik | Tipp In der Umgebung gibt es jede Menge Möglichkeiten zum Entspannen, zum Beispiel in den Hängematten (»Hamaki«) am Fluss, an den Fontänen (»Fontanna«) auf dem Platz oder auf dem Restaurantschiff, das am Ufer der Weichsel liegt.

90 Das Sibirien-Denkmal

Zum Gedenken an die Opfer sowjetischer Gewalt

Dass am 1. September 1939 Deutschland Polen überfiel, ist allgemein bekannt. Am 17. September griff dann auch die Rote Armee das Land an. Im Jahr darauf begannen die Sowjets, unliebsame Polen, unter anderem Offiziere, Ärzte, Beamte, Lehrer, Priester und Intellektuelle, nach Sibirien zu deportieren. Die Deportationen wurden vorübergehend ausgesetzt, als die Deutschen den Nichtangriffspakt mit der Sowjetunion brachen und ab 1942 das größte Land der Welt selbst angriffen. 1944 bekam die Rote Armee die Oberhand und rückte abermals Richtung Westen vor. Polen wurde erneut besetzt.

Bis mindestens zum Jahr 1952 wurden, nach russischen Schätzungen, etwa eine halbe Million Polen durch den sowjetischen Geheimdienst in Gefängnisse und Straflager im Osten deportiert. Polnische Schätzungen gehen sogar von etwa 1,5 Millionen deportierter Polen aus. Viele von ihnen wurden mit dem Zug Richtung Zentralasien gebracht. Der Großteil aber verschwand für immer Richtung Sibirien.

Kein Mensch kann sagen, wie viele Polen es genau waren. Aber es waren auf jeden Fall Hunderttausende, von denen kaum einer zurückkam. In Kasachstan und Sibirien wurden sie in Arbeitslagern untergebracht, in denen die schlimmsten Bedingungen herrschten. Kälte, schlechtes Essen, körperliche Strafen, Krankheiten, katastrophale hygienische Verhältnisse, schwerste Arbeit. Sehr viele Polen überlebten das Martyrium nicht.

Auch zur Erinnerung an die vielen deportierten Menschen wurde 1995 das »Denkmal für die Gefallenen und Ermordeten im Osten« errichtet. Es ist ein Zugwaggon aus Bronze, den polnische Gläubige mit orthodoxen und katholischen Kreuzen, aber auch jüdischen und muslimischen Symbolen gefüllt haben.

Das Denkmal befindet sich unweit vom »Umschlagplatz«, dem Ort, an dem die Deutschen 1942 und 1943 die Juden nach Treblinka deportierten. Daran muss erinnert werden. Bis in alle Ewigkeit.

Adresse Ulica Wałowa, Skwer Matki Sybiracki, 00-192 Warschau | ÖPNV Bus 116, 518, Haltestelle Muranowka | Tipp Wer sich nach dem Besuch in einer typischen Milchbar stärken will, kann dies etwa 100 Meter weiter südlich in dem Lokal »Gdański« tun.

91 Die sitzende Schriftstellerin

Die Frau, die Polens beliebtestes Lied schrieb

Huch, was macht denn die feine Dame hier an dem Tisch? Wie es aussieht, sitzt sie hier schon eine ganze Weile … In der Tat, bereits 2007 wurde die aus Bronze gegossene Statue von Agnieszka Osiecka hier in der Francuska-Straße im Stadtteil Saska Kępa aufgestellt. Damals war es zehn Jahre her, dass Osiecka nach einer langen Krebserkrankung gestorben war. Die Schriftstellerin, Dichterin und Liedtexterin saß zu Lebzeiten auch oft an dieser Ecke, als es hier noch ein Café gab. Nachdenklich sieht sie aus, mit ihrem Blick in der Ferne, die Beine übereinandergeschlagen. Auf dem Tisch vor ihr liegen Schreibutensilien. Die Künstlerin ist dabei, ein Lied zu schreiben. Manchmal liegen auch Blumen auf dem Tisch.

Außerhalb von Polen kennt kaum jemand Agnieszka Osiecka, aber hier war sie berühmt. Die Autorin wurde 1936 in Warschau geboren und fing schon in jungen Jahren an, Theaterstücke zu schreiben sowie Artikel in Zeitschriften zu veröffentlichen. Sie verfasste aber auch Liedtexte, insgesamt mehr als 2.000. Einige ihrer Lieder waren sehr beliebt, wie zum Beispiel »Małgoska«, das von der polnischen Bevölkerung zum populärsten Lied des 20. Jahrhunderts erkoren wurde.

Osiecka heiratete dreimal. Aus der letzten Ehe stammt ihre einzige Tochter Agata, die seit dem Tod ihrer Mutter das Archiv betreut.

Und jetzt sitzt Agnieszka Osiecka hier, in Saska Kępa, einer schönen, vornehmen und relativ ruhigen Wohngegend am Ostufer der Weichsel. Im Sommer hat die Francuska-Straße fast etwas von einem Boulevard in Paris mit ihren schattenspendenden Bäumen und den vielen Restaurants und Cafés. Leider wurde das Café »Rue de Paris«, in dem Osiecka immer inmitten der anderen Gäste an ihrem Tisch saß, 2019 geschlossen. An seiner Stelle befindet sich heute, irgendwie etwas unwürdig, ein »Carrefour«-Laden. Das Café mag zwar verschwunden sein, aber die Schriftstellerin ist geblieben.

Adresse Kreuzung Ulica Francuska/Ulica Obrońców, 01-999 Warschau | **ÖPNV** Bus 117, 138, 146, 147, Haltestelle Francuska | **Tipp** Die Ulica Obrońców ist von schönen Villen gesäumt, die aus den 1930er Jahren stammen. Ein Spaziergang in der Umgebung lohnt sich.

92 Der Skihügel im Park

Früher Müll, jetzt Wintersport

Viele Polen möchten am liebsten gar nicht hören, dass es so etwas wie eine Klimakrise gibt. Klar, das Land ist einer der größten Braunkohleproduzenten der Welt. Ein Großteil der Elektrizität kommt aus der Kohleverstromung. Das Umsatteln auf erneuerbare Energien ist somit eine Riesenaufgabe.

Trotzdem spüren natürlich auch die Polen den Klimawandel. In den Bergen liegt immer weniger Schnee, was für den Ski-Tourismus ein großes Problem darstellt. In Warschau scheint man dafür aber eine »geeignete« Lösung gefunden zu haben. Zum Beispiel im Park Szczęśliwice im Südwesten der Stadt. Er entstand wie auch einige andere Parks in Warschau durch die Aufschüttung von Trümmern aus dem Zweiten Weltkrieg. Danach folgte weiterer Stadtmüll. Auch wenn es seltsam klingen mag, wurde daraus im Laufe der Zeit eine schöne Anlage mit Fahrradwegen, Spielplätzen, einem riesigen Teich mit Ruderbooten und … einem enormen Hügel.

Ein Teil der künstlichen Erhöhung wird schon seit den 1980er Jahren zum Skifahren genutzt. Mit seinen 152 Metern ist sie sogar der höchste »Berg« der Hauptstadt. Vom Gipfel hat man tatsächlich einen schönen Ausblick auf die Skyline, die im Osten am Horizont emporragt. Hier, mitten im Park Szczęśliwice, können sich Hauptstädter auf einer Strecke von gut 200 Metern im Skifahren üben. Sogar Skikurse werden angeboten. Im Winter, wenn es denn echten Schnee gibt, lernt man natürlich unter natürlichen Verhältnissen. Der Hang ist jedoch ganzjährig mit Kunstmatten belegt, sodass man ihn jederzeit auf Skiern oder mit einem Snowboard hinuntersausen kann. Der Hügel ist übrigens auch bei Joggern sehr beliebt.

Etwas albern sieht es schon aus, jetzt im Juli, wenn zwei Sessellifte die Skifahrer den Hügel hinaufbefördern. Aber es funktioniert. Und die Hauptstädter haben Spaß. Warum also nicht? Und wer weiß, vielleicht fällt ja irgendwann auch wieder mehr Schnee …

Adresse Drawska 22, 02-202 Warschau, www.gorka-szczesliwicka.com | **ÖPNV** Bus 184, 186, Haltestelle Szczęśliwice | **Öffnungszeiten** Sa–So und Feiertage 10–20 Uhr, an Wochentagen so lange geöffnet, wie es ausreichend Tageslicht gibt, Tickets: 13–50 Złoty | **Tipp** Im Park gibt es außerdem eine Rodelbahn, ein Spaßbad, man kann hier picknicken, im Gras liegen, ein Eis essen, ein Buch lesen …

93 Das Smoleńsk-Denkmal

Umstrittene Erinnerung an einen umstrittenen Ort

Einer der größten Tragödien Polens in der jüngsten Vergangenheit war der Absturz eines Regierungsflugzeugs am 10. April 2010 in der Nähe der russischen Stadt Smoleńsk. Alle 96 Insassen kamen dabei ums Leben. Sie waren auf dem Weg zu einer Trauerfeier in Katyn gewesen, wo im Zweiten Weltkrieg die Rote Armee Tausende polnische Offiziere erschossen hatte. Prominentestes Opfer der Flugzeugkatastrophe: der polnische Präsident Lech Kaczyński, Zwillingsbruder des heutigen Vorsitzenden der wichtigen politischen Partei Polens, der PiS. Es dauerte nicht lange, bis Jaroslaw Kaczyński als Grund für den Flugzeugabsturz ein Attentat witterte. Neben dem Präsidenten waren auch zahlreiche Parlamentarier, ranghohe Militärs und Kirchenvertreter an Bord gewesen.

Die Anspielungen der polnischen Regierung Richtung Russland (es wurde sogar ein Spielfilm herausgebracht, in dem Explosionen an Bord des Flugzeugs suggeriert werden) führten zu einer diplomatischen Krise zwischen den Ländern, die bis zum heutigen Tag andauert. Die Flugkatastrophe entwickelte sich zu einem nationalen Trauma, das von der PiS-Partei geraume Zeit instrumentalisiert wurde.

Nach der Katastrophe organisierten Zwillingsbruder Jaroslaw Kaczynski und seine PiS jahrelang jeden Monat einen Trauermarsch durch Warschau. Nach dem letzten Marsch wurde am 10. April 2018, genau acht Jahre nach dem Absturz, auf dem Pilsudski-Platz ein Denkmal eingeweiht. Es stellt eine Flugzeugtreppe dar, der Ort, an dem die Reisenden zum letzten Mal lebend gesehen wurden. Es gibt Überlegungen, noch ein zusätzliches Denkmal für den Präsidenten Lech Kaczyński zu errichten. Der Einweihung des heutigen Denkmals ging ein langer Disput voraus über die Frage, wo es denn genau gebaut werden durfte. Eigentlich sollte das Denkmal zu einer Versöhnung des polnischen Volkes mit den Russen führen. Ob dies geklappt hat, ist fraglich …

Adresse Plac Piłsudskiego, 00-078 Warschau | ÖPNV Bus 102, 105, 107, 111, 222, Haltestelle Zachęta 2 | Tipp Auf dem Piłsudski-Platz befindet sich ebenfalls das Grab des Unbekannten Soldaten, wo eine ewige Flamme brennt und jeden Tag um 12 Uhr der Wechsel der Ehrenwache stattfindet.

94 Das Sonntagskonzert

Klassische Musik für jedermann

Sie genießen Kultstatus, und das zu Recht: die Freiluftkonzerte im Łazienki-Park, bei denen Werke von Chopin gespielt werden, jeden Sonntag im Sommer. Und das Beste: Jeder kann kommen, jung oder alt, der Eintritt ist frei.

Egal, ob nun man klassische Musik mag oder nicht, der vornehme Łazienki-Park ist immer einen Besuch wert. In dieser riesigen Gartenanlage baute Tylman van Gameren, polnischer Hofarchitekt mit niederländischen Wurzeln, im 17. Jahrhundert einen Badepavillon für polnische Adelige. Die Anlage wurde 1764 von König Stanislaw August Poniatowski erworben. Könige gibt es schon längst nicht mehr, dafür kann man aber noch immer herrlich in dem Park flanieren, die Orangerien, die Paläste oder das Amphitheater besuchen und vor allem im Gras zwischen den Bäumen entspannen.

Einer der schönsten Orte ist zweifellos der Teich im Westen des Łazienki-Parks. Dort steht ein Denkmal für den Komponisten Fryderyk Chopin, entworfen im Jugendstil, das 1928 eingeweiht wurde. Der Musiker sitzt unter einer vom Wind schief gewehten Weide und schaut mit nostalgischem Blick in die Welt. Nach seiner Zerstörung im Krieg wurde das Denkmal 1958 durch das heutige ersetzt. Seitdem finden hier Freiluftkonzerte statt, um den in der Nähe von Warschau geborenen Komponisten zu ehren.

Jeden Sonntag versammeln sich Hunderte Chopin-Liebhaber rund um den Teich, denn um 12 und um 16 Uhr gibt es hier ein Konzert. Oft sind es Berühmtheiten, die hier spielen, mal sind es junge, vielversprechende Musiker aus aller Welt, die ihre Interpretation von Chopin darbringen.

Die Gäste wissen, wie sie sich zu verhalten haben. Sitzdecken sind in Ordnung, ein Picknickkorb auch, aber bitte kein Geknister mit Chipstüten oder Handytelefonate. Sie sitzen und liegen im Gras, die Musik weht über den Rasen, die Sonne erwärmt die Körper… Warschau, du kannst so schön sein!

Adresse Łazienki Królewskie, 00-001 Warschau, www.lazienki-krolewskie.pl | ÖPNV Bus 116, 166, 180, 195, Haltestelle Łazienki Królewskie | Öffnungszeiten die Konzerte finden von Anfang Mai bis Ende September jeden So um 12 und 16 Uhr statt | Tipp Der ganze Łazienki-Park lädt zum Spazieren und Verweilen ein. Besuchen Sie auch die alte und die neue Orangerie aus dem 18. und 19. Jahrhundert mit ihren vielen exotischen Pflanzen.

95 Der sowjetische Friedhof

Gefallen im Kampf gegen die Nazis

Überall in Osteuropa gibt es sie, Friedhöfe für Soldaten der Roten Armee, die während des Zweiten Weltkriegs bei Kämpfen gegen die Deutschen gestorben sind. Im Süden Warschaus befindet sich der größte Militärfriedhof für Sowjetsoldaten in der Hauptstadt. Mit der Errichtung begann man im Jahr 1949, eingeweiht wurde er am 9. Mai 1950, dem fünften Jahrestag des Endes des großen vaterländischen Krieges, wie es in der UdSSR hieß.

An schönen Tagen wird die riesige Anlage von Anwohnern gern zum Sporttreiben und Entspannen genutzt, aber an dem kühlen Wochentag, als ich hier bin, ist kaum ein Mensch zu sehen. Einzig eine ältere Frau mit Blumen geht langsam an einer der Gräberreihen entlang. Nur etwa 300 der insgesamt etwa 22.000 der Gräber sind mit Namen beschriftet, fast alle Soldaten wurden anonym beigesetzt. Die Gräber befinden sich zu beiden Seiten einer Hauptallee, die zu einem 38 Meter hohen Obelisken führt und von Skulpturen gesäumt ist, die heldenhafte Sowjetsoldaten darstellen.

Jahrelang wurde auf Militärfriedhöfen wie diesem die polnisch-sowjetische Freundschaft beschworen, zum letzten Mal am 9. Mai 2010, etwa einen Monat nachdem im russischen Smolensk das polnische Regierungsflugzeug mit dem Präsidenten Kaczyński an Bord abgestürzt war. Schon kurze Zeit später verschlechterten sich jedoch die Beziehungen zwischen den Ländern. Auch heute noch ist das Verhältnis zwischen Polen und Russland extrem angespannt. Die polnische Regierung hat sogar vor, Hunderte von Sowjet-Denkmälern abzureißen, sehr zum Unmut der russischen Regierung.

Auch auf diesem Friedhof sind kleine Änderungen zu sehen. So ist der kommunistische rote Stern auf dem Obelisken entfernt worden. Der Erinnerungstext für die hier begrabenen Soldaten ist aber geblieben: »Zum ewigen Ruhm den heldenhaften Soldaten der unbesiegbaren sowjetischen Armee …« Insgesamt starben wohl mehr als 600.000 Sowjetsoldaten bei der Befreiung Polens.

Adresse Ulica Żwirki i Wigury 51, 02-091 Warschau | ÖPNV Bus 128, 136, 175, 188, Haltestelle Pruszkowska | Öffnungszeiten jederzeit zugänglich | Tipp Gegenüber vom Friedhof liegt der schöne Park Malickiego mit überdachten Sitzpavillons, einem See und Fitnessanlagen.

96 Das stilvolle Stadion

Wo Fußballheld Boniek schon Tore schoss

Irgendwann bestaunt jeder Warschau-Besucher das noch immer fast wie neu anmutende Nationalstadion am Ostufer der Weichsel. Vom Platz vor der Sigismundsäule in der Altstadt ist es gut zu sehen, der spektakuläre rot-weiße Bau. Hier werden die wichtigsten Spiele der polnischen Nationalmannschaft ausgetragen, hier wird der polnische Patriotismus gefördert.

Von der nationalen Fußballarena zum Marymont-Stadion sind es nur etwa fünf Kilometer, aber zwischen den beiden Sportstätten liegen Welten. Marymont ist eine ruhige, bürgerliche Wohngegend im Norden Warschaus, benannt nach Marysienka, der Ehegattin des polnischen Königs Jan III. Sobieski.

Anfang der fünfziger Jahre wurde im Zentrum des Viertels ein Sportkomplex gebaut, zu dem mehrere Tennisplätze, eine Schwimmhalle und ein Fußballstadion mit überdachter Sitztribüne gehören.

Von der einstigen Glorie des Nachkriegsmodernismus ist leider nichts mehr übrig geblieben. Heutzutage ist ein Teil der Sitzbänke des Fußballstadions von Sträuchern überwuchert. Aus jeder Ritze sprießt Gras empor. Die Haupttribüne ist mit Graffiti beschmiert und offiziell gesperrt, aber die trainierende Mannschaft vom Verein Marymont 1911 interessiert sich nicht für meine Anwesenheit, und deswegen steige ich einfach die Treppe hoch.

Trotz des Verfalls hat die Anlage noch immer Stil. Das sehen seit einigen Jahren auch immer mehr Warschauer, die durch Öffentlichkeitsarbeit dafür gesorgt haben, dass die Sportanlage mittlerweile als Denkmal eingetragen ist. Sogar einer der größten polnischen Spieler aller Zeiten, Zbigniew Boniek, hat sich für den Erhalt des Stadions ausgesprochen. Er debütierte hier 1974 für die polnische Jugendnationalmannschaft. Der öffentliche Druck hat geholfen: Im August 2021 beschloss die Warschauer Stadtverwaltung, 1,9 Milliarden Złoty für die Renovierung des Sportkomplexes bereitzustellen.

Adresse Ulica Potocka 1, 00-999 Warschau | ÖPNV Bus 122, Haltestelle Drohicka | Öffnungszeiten die Anlage ist tagsüber und abends so lange geöffnet, wie hier Sport getrieben wird | Tipp Östlich des Sportgeländes gibt es die Lacha Potocka, einen Teich, an dessen Ufer die angenehme Bar »Kępa Potocka« zur Einkehr einlädt.

97 Die Streetfood-Halle

Speisen aus aller Herren Länder

Wie in vielen anderen europäischen Städten wurden Ende des 19. Jahrhunderts auch in Warschau mehrere Markthallen gebaut, die jedoch im Laufe der Jahre zunehmend verfielen. Als die kommunistischen Zeiten vorbei waren, gab es nur noch wenige Menschen, zumeist arme Leute, die hier billige Waren einkauften. Wer konnte, vermied es, sie überhaupt zu betreten.

In den vergangenen Jahren erlebten aber überall in Europa die alten Backsteinhallen ein Revival. Plötzlich waren sie wieder modern, hip, cool, angesagt. Das gilt auch für Warschau. Eine der schönsten Markthallen, die seit einigen Jahren wieder von Besuchern überrannt wird, ist die Hala Gwardii. Diese Halle hat im vergangenen Jahrhundert einiges erlebt. Während des Zweiten Weltkriegs erschossen deutsche Besatzer Hunderte polnische Zivilisten an diesem Ort. Nach dem Krieg überlegte die Stadtverwaltung, den Komplex abzureißen, aber die schwer beschädigten Gebäude wurden renoviert und zuerst als Busdepot und in der Folge als Sportarena genutzt.

Heutzutage kommen Besucher meistens mit der Straßenbahn und gehen dann zuerst durch eine andere Markthalle, nämlich die Hala Mirowska, in der sich ein riesiger Supermarkt und viele kleine Läden befinden. Auf der Rückseite, im Außenbereich, gibt es einen Markt, wo Obst, Gemüse, Eier und Fleisch verkauft werden. Danach folgt die zweite Halle, die Hala Gwardii, mit vielen kleinen Restaurants. Die ganze Welt ist hier vertreten; das Management der Halle achtet darauf, dass vor allem viele exotische Speisen angeboten werden. Übrigens finden hier manchmal auch kulturelle Events stat. Das Wichtigste ist aber das Essen. Es gibt Street Food aus Israel, Georgien, Nepal, Indien, Kolumbien, Griechenland und Vietnam, aber natürlich auch aus Polen! Lassen Sie es sich schmecken, die Halle ist der perfekte Spot für ein günstiges und leckeres Mittagessen.

Adresse Plac Mirowski 1, 00-138 Warschau | **ÖPNV** Straßenbahn 17, 33, 40, 41, Haltestelle Hala Mirowska | **Öffnungszeiten** täglich 7–20 Uhr | **Tipp** Hinter der Hala Gwardii befindet sich der Lubomirski-Palast, in dem einst Angehörige des polnischen Adels wohnten. 1969 wurde der Bau auf Schienen gesetzt, angehoben und um 78 Grad gedreht!

98 Die Świdermajer-Villen

Noble Holzarchitektur aus der Zeit der Jahrhundertwende

Ein bisschen Sanatoriumsatmosphäre gefällig? Dann wird es Zeit für einen Ausflug nach Otwock, einem ruhigen Vorort von Warschau, etwa 25 Kilometer südöstlich des Zentrums. Otwock strotzt vor Holzhäusern aus der Zeit der Jahrhundertwende. Es sind so viele, dass es sogar einen eigenen Namen für den Baustil gibt: Świdermajer. Klingt deutsch, ist aber polnisch. Genauer: Der Begriff ist eine Zusammensetzung aus Biedermeier und Świder, dem Fluss, an dessen Ufer viele Villen in dem unverkennbaren Stil gebaut wurden. Wobei manche auch der Meinung sind, dass die Holzbauten wenig mit Biedermeier zu tun haben, sondern eher wie eine Mischung aus Schweizer Berghütte und russischer Datsche aussehen.

Wie auch immer, viele der denkmalgeschützten Häuser befinden sich heutzutage in einem erbärmlichen Zustand, weil sie über Jahrzehnte vernachlässigt wurden. Manche von ihnen sind wohl nicht mehr zu retten. Dabei ist die Geschichte der Siedlung durchaus faszinierend. Einige Häuser wurden als Sanatorium für Kranke aus der großen Stadt errichtet. Auch Schriftsteller, Künstler und Reiche, die die Sommerfrische außerhalb Warschaus genießen wollten, ließen sich hier ihre prachtvollen Holzvillen bauen. Oft sind die mehrstöckigen Häuser mit Veranden ausgestattet und mit Holzschnitzereien geschmückt.

In der Ulica Kilińskiego und den angrenzenden Straßen findet man einige der besten Świdermajer-Beispiele. Die meisten Villen stehen auf riesigen Grundstücken, im Schatten zwischen hochgewachsenen Kiefern und Fichten. Einer der interessantesten Bauten ist das Gurewicz-Haus, einstmals ein Sanatorium und das wohl größte Holzhaus in ganz Europa. In den vergangenen Jahren wurde es komplett renoviert und beherbergt heute ein modernes medizinisches Zentrum.

Wer einen guten Eindruck von Otwock bekommen möchte, macht hier am besten eine Radtour. Mit dem Regionalzug kann man einfach seinen Drahtesel mitbringen. Viel Spaß!

Adresse Ulica Kilińskiego und umliegende Straßen, Otwock, 05-400 Warschau | ÖPNV S1 ab Bahnhof Warszawa Powiśle, Station Otwock | Tipp Schöne Beispiele der Świdermajer-Architektur kann man auch in Jozefów, nördlich von Otwock, besichtigen.

99 Das Telekommunikationsgebäude

Ein ungewöhnliches Architekturdenkmal

Diesen Baustil sieht man nicht oft in Warschau. Gemeint ist das ehemalige Telekommunikations- und Telegrafiezentrum an der Ulica Nowogrodzka. *Telefon międzynarodowy*, steht in großen Lettern auf der Fassade des Gebäudes, also »internationales Telefon«. Neben dem Schriftzug prangt ein großer silberner Adler in Art-déco-Stil. Es ist das Staatswappen Polens. Außerdem hängt hier eine Gedenktafel für achtzehn Mitarbeiter der polnischen Post, die während des Zweiten Weltkriegs an diesem Ort von den Deutschen exekutiert wurden.

Das einstige Kommunikationszentrum wurde von 1928 bis 1934 nach einem Entwurf von Julian Puterman-Sadlowski gebaut. Es war die erste Konstruktion in Stahlskelettbauweise in Warschau. Der ganze Komplex wurde nach den Prinzipien des Architekten Le Corbusier geplant. So sieht zum Beispiel die Außenfassade mit den vielen geraden Linien anders aus als fast alle anderen Gebäude in der Hauptstadt. Die großen Fenster in den weißen Fassaden kontrastieren mit den kleineren in den Außenwänden aus Backstein.

Das modernistische Bauwerk hat ein Flachdach, was zur Zeit seiner Entstehung sehr unüblich war. Nicht nur von außen, sondern auch im Inneren, wo es Ruhezonen und sogar Gärten gibt, war der Entwurf damals einzigartig.

Zu kommunistischen Zeiten standen die Hauptstädter oft Schlange vor dem Telekommunikationszentrum, weil viele von hier aus ins Ausland anrufen wollten. Interessant: Auch damals war der Adler immer an der Fassade zu sehen, allerdings ohne Krone, die damals ein verpöntes Symbol war. Die wurde erst in den 1990er Jahren wieder auf dem Kopf des Adlers angebracht.

Das Gebäude wurde inzwischen an einen Investor verkauft, der es möglicherweise für Luxuswohnungen oder ein Hotel nutzen will. Zum Glück steht es seit 1965 unter Denkmalschutz.

Adresse Ulica Nowogrodzka 45, 00-694 Warschau | ÖPNV Metro M1, Haltestelle Centrum | Öffnungszeiten von außen jederzeit zu besichtigen | Tipp Ein paar Häuser weiter, in der Ulica Nowogrodzka 49, werden in dem schönen Theater »Roma« Musicals aufgeführt.

100 Der Tempel der göttlichen Vorsehung

Polens größte Zitronenpresse

Genau 225 Jahre, so lange dauerte es, bis 2016 am polnischen Unabhängigkeitstag, dem 11. November, Warschaus größte Kirche eingeweiht werden konnte.

Am 3. Mai 1791 verabschiedeten die Abgeordneten des polnischen Parlaments die erste Verfassung Europas. Ein paar Tage später fassten sie dann den Beschluss, im Geiste der Toleranz in der damaligen polnisch-litauischen Republik einen Tempel der göttlichen Vorsehung zu bauen. Kurz darauf wurde die Republik jedoch zwischen Russland, Österreich und Preußen aufgeteilt. Erst nach dem Ersten Weltkrieg, als Polen wieder auf der europäischen Landkarte erschien, wurde die Idee des Tempels wieder aufgegriffen, aber der Zweite Weltkrieg und in der Folge der Kommunismus verhinderten weitere Jahrzehnte den Bau.

Nun steht er endlich da, auf einer riesigen, baumlosen Fläche, ein gewaltiger, quadratischer, fast einschüchternder Betonbau, gekrönt von einer 70 Meter hohen Kuppel, weshalb die Kirche im Volksmund »Polens größte Zitronenpresse« genannt wird. Irgendwie erinnert das Gotteshaus an die modernen Kirchen, deren Errichtung die Kommunisten in den 1980er Jahren zähneknirschend überall im Land zulassen mussten, um das unzufriedene Volk zu besänftigen. Beeindruckend ist das Gebäude auf jeden Fall. Umstritten ebenfalls, weil die Regierung den Bau finanziell unterstützte, obwohl Kirche und Staat in Polen offiziell getrennt sind.

Das Gebäude dient nicht nur als Kirche, sondern auch als Pantheon für »große Polen«. Einer der zweifellos berühmtesten, die hier geehrt werden, ist der heiliggesprochene Franziskanermönch Maksymilian Kolbe, der 1941 in Auschwitz sein Leben opferte, um einen anderen Häftling zu retten. Der Tempel mag groß sein, der von den Nazis ermordete Kolbe ist um einiges größer.

Adresse Prymasa Augusta Hlonda 1, 02-972 Warschau, www.centrumopatrznosci.pl | **ÖPNV** Bus 217, 522, Haltestelle Aleja Rzeczpospolitej | **Öffnungszeiten** täglich 9–17 oder 18 Uhr | **Tipp** Etwa zwanzig Minuten zu Fuß entfernt Richtung Osten, in Wilanów, lohnt unbedingt der Besuch eines Museums, das der berühmten polnischen Plakatkunst gewidmet ist (www.postermuseum.pl).

101 Der Tibet-Kreisel

Eine Graffiti-Galerie als politisches Statement

Kommt man als Tourist nach Warschau, denkt man wahrscheinlich nicht so schnell an Tibet. Trotzdem ist das 1951 von China besetzte Land prominent anwesend im westlichen Stadtteil Wola, und zwar in Gestalt einer sehr beeindruckenden Serie von Graffiti unter einer Verkehrsbrücke.

Die Gegend am Rondo Wolnego Tybetu (»Verkehrskreisel Freies Tibet«) ist ein bisschen komisch: Links und rechts und oben rast der Verkehr, ansonsten ist man hier in der Regel allein, es sei denn, einer der Anwohner geht mal kurz mit seinem Hund Gassi. Das sollte einen aber nicht davon abhalten, diesen Ort aufzusuchen. Die hier gezeigte Kunst ist eine Art Reise durch die Geschichte Tibets.

Die Bilder entstanden nach und nach seit dem Jahr 2009. Damals war der Dalai-Lama zu Besuch in Warschau. Ihm wurde sogar die Ehrenbürgerschaft der polnischen Hauptstadt verliehen, ein Akt, der den chinesischen Autoritäten gar nicht gefallen hat. Drei Tage lang trafen sich hier im Sommer 2009 mehr als 100 Künstler und Leute aus der Nachbarschaft, die einen Großteil der Graffiti malten. Seitdem kommen ständig neue Werke dazu. Mittlerweile haben viele bedeutende Buddhisten sich diesen Ort persönlich angeschaut.

Die Bilder an den Säulen der Verkehrsbrücke erinnern unter anderem an den heroischen Aufstand der Tibeter 1959 gegen die chinesischen Besatzer. Auf einem von ihnen greift ein chinesischer Drache ein tibetisches Mädchen an. Ein anderes Werk zeigt den betenden Dalai Lama. Hinter ihm steht ein chinesischer Soldat, der mit seiner Waffe auf ihn zielt. Weitere Motive sind buddhistische Kloster, brennende Tibeter und fliehende Mönche im Himalaya. Natürlich ist auch die tibetische Flagge zu sehen.

Wer nach dieser schweren Thematik mal kurz geistig umschalten will: Seit Kurzem gibt es an einer Hauswand ganz in der Nähe auch ein riesiges Graffiti von Marilyn Monroe.

Adresse Rondo Wolnego Tybetu, 01-242 Warschau | **ÖPNV** Bus 171, Haltestelle PKP Kasprzaka | **Tipp** Etwas weiter nördlich gibt es für Abenteuerlustige das Bungee Jumping Centre »Mario«.

102 Der tragische Fußballheld

Betrunken gestorben bei einem Autounfall

Im Stadtteil Praga gibt es ein Geschäft, in dem man Tickets für Fußballspiele kaufen kann. Der Laden ist rot, weiß und grün angestrichen. Dies sind die Farben von Legia Warschau, der populärsten Mannschaft der Hauptstadt. Neben dem Fenster ist ein Kerl mit dunklen Haaren und schwarzen Koteletten auf die Mauer gemalt. Er fällt nicht wirklich auf, man würde an diesem Kunstwerk vorbeigehen, wenn man nicht wüsste, um wen es sich hier handelt. Aber alle Legia-Fans kennen diesen Mann. Für sie ist er eine Legende.

Sein Name lautet Kazimierz Deyna, oder einfach Kaz. Er spielte von Jugend an bei Legia Warschau. Deyna war sehr talentiert. Ab 1968 war er Mitglied der polnischen Nationalmannschaft. 1972 wurde er Olympiasieger, 1973 Kapitän der Nationalmannschaft, 1974 Dritter bei der Fußball-WM in der Bundesrepublik Deutschland. Nachdem er 1978 die Nationalmannschaft verließ, bekam er als einer der ganz wenigen die Erlaubnis, zum Abschluss seiner Karriere im westlichen Ausland zu spielen.

Er ging zuerst nach England, wo er für Manchester City spielte, und danach in die Vereinigten Staaten. Dort war er an der Westküste bei den Legends San Diego unter Vertrag. Deyna mochte das Leben. Er spielte Fußball, hatte eine Frau und einen Sohn, ging auch gern aus und trank regelmäßig sein Bier. Am 1. September 1989 fand sein Leben ein tragisches Ende. Er saß in seinem Pick-up und bretterte mit voller Geschwindigkeit in ein anderes Auto. Deyna war sofort tot. Wahrscheinlich war er am Steuer eingeschlafen. Ein Bluttest ergab, dass er Alkohol getrunken hatte.

Seit seinem Tod wird bei Legia Warschau »seine« Nummer 10 nicht mehr vergeben. 2012 wurden Deynas sterbliche Überreste nach Polen gebracht, sein Grab kann man in Warschau besuchen. Seine Fans werden ihn nie vergessen. Vor dem Legia-Stadion steht eine Statue von dem Mann, der es in die USA geschafft hat.

Adresse Ulica Inżynierska 6, 03-422 Warschau | ÖPNV Metro M2, Haltestelle Dworzec Wileński, von dort etwa zehn Minuten zu Fuß | Tipp Unweit von hier befindet sich das Ausgehviertel »Koneser«, wo im gleichnamigen Wodka-Museum auch Verkostungen angeboten werden (Plac Konesera 4, www.koneser.eu).

103 Das Treppenhaus im Jugendstil

Vielleicht das schönste in ganz Warschau

Es ist nicht ganz einfach, in den Innenhof des Hauses Nummer 38 in der Ulica Kłopotowskiego im Viertel Praga zu gelangen. Aber es lohnt sich, denn an dieser Adresse befindet sich das vielleicht schönste Treppenhaus in ganz Warschau.

Mit etwas Glück kann man sich Zugang verschaffen. Obwohl ein Schild an der Haustür auf Polnisch darauf hinweist, dass dieser Eingang bitte nur von Bewohnern zu benutzen sei, ergreife ich meine Chance, als jemand das Mietshaus aus dem vergangenen Jahrhundert verlässt. Einfacher ist es Donnerstag, Freitag und am Wochenende, dann hat die Kunstgalerie »81 Stopni« (81 Stufen) auf der oberen Etage geöffnet, sodass man das Gebäude ganz offiziell betreten kann.

Hinter einer zweiten Tür befindet sich das schwarz-rot geflieste Jugendstil-Treppenhaus, das zwar etwas verwahrlost ist, aber viel Charme besitzt. Es wurde ab 1905 im Auftrag des jüdischen Unternehmers Galberg gebaut. Vor gut einem Jahrhundert wohnten viele Juden in dieser Gegend des Stadtteils Praga, die ihr Geld in große Mietshäuser wie dieses investierten. Höchstwahrscheinlich wurde die sich schier endlos hochwindende gusseiserne Wendeltreppe von dem Architekten Ludwik Panczakiewicz entworfen, der in Sankt Petersburg studiert hatte.

Diese Wohngegend wurde während des Zweiten Weltkriegs zum Glück nicht zerstört. Zu kommunistischen Zeiten verfiel jedoch das Haus. Erst vor etwa zehn Jahren entschied sich die Stadtverwaltung, das gesamte Viertel Praga zu revitalisieren. Zu jener Zeit kaufte Krzysztof Kudelski, ein Warschauer Künstler, das Haus. Im Treppenhaus wurden in den vergangenen Jahren Szenen für zwei Filme gedreht. Auch auf Instagram erlangte das Gebäude großen Ruhm. Nach mehr als hundert Jahren ist das Haus rund um die Jugendstiltreppe lebendiger als je zuvor.

Adresse Ulica Kłopotowskiego 38, 03-717 Warschau | **ÖPNV** Metro M2, Haltestelle Dworzec Wileński | **Öffnungszeiten** eigentlich nicht zugänglich, aber mit etwas Glück (siehe oben) kann man ins Haus gelangen | **Tipp** Am Ende der Straße befand sich zu kommunistischen Zeiten das längst verschwundene Kino »Praha«. An den Außenwänden sind noch immer zwölf faszinierende Flachreliefs von polnischen Filmstars zu sehen.

104 Das verfallene Stadion

Wo Bäume auf der Tribüne wachsen

Das sieht ziemlich krass aus: trainierende Fußballer in einem Stadion, auf dessen Tribüne Bäume wachsen. Nicht übertrieben, das gibt es wirklich: im RKS SKRA Stadion in Ochota, Warschau. Lange ist es her, dass dieser enorme Sporttempel im Stil des Modernismus gebaut wurde, um genau zu sein: in den 1950er Jahren. Eigenartig sieht das Stadion auch aus, denn errichtet wurde es in Form eines Hufeisens, sodass es nur an drei Seiten Zuschauerränge gibt, die vierte wurde einfach offen gelassen. Bis zu 35.000 Zuschauer fanden hier einmal Platz, um einst berühmte Athletiksportler, Fechter, Rugby- und Fußballspieler anzufeuern. Das ist aber lange her, denn 2019 wurden die Tribünen endgültig wegen Baufälligkeit geschlossen. Bis auf Weiteres dürfen Sportler aber die Athletikbahn und den Rasen nutzen.

Über einer der Tribünen ragt ein verfallener Stadionturm empor. Auch nicht ganz normal: Auf der Rückseite des Komplexes gibt es einen Schrottplatz, Hunderte ausgemusterter Autos rosten hier vor sich hin.

Auf der anderen Seite der Straße gibt es eine coole Beach Bar mit Graffiti, Strandstühlen, polnischem Rap und gutem Bier. Gleich hinter der Bar: das ehemalige Schwimmbad SKRA. Warschauer konnten hier früher in unterschiedlichen Becken ihre Bahnen ziehen. Auch wenn es seit vielen Jahren geschlossen ist, kann man sich Zugang verschaffen. Einmal quer durchs Gebüsch, und schon sieht man die ersten Schwimmbecken. Obwohl die meisten bemoost und von Sträuchern überwuchert sind, kann man hier und da noch blaue Fliesen erkennen. Auch hier waren überall Sprayer aktiv.

Zurück auf der anderen Straßenseite, versuche ich, einfach ins Stadion hineinzuspazieren. Eine Tür steht offen, Teenager bereiten sich auf ihr Training vor. Deren Trainer lässt mich aber nicht rein. Egal, auch von außen bietet sich ein faszinierender Anblick: Sportler in einem Stadion, auf dessen Tribüne Bäume wachsen …

Adresse Ulica Wawelska 5, 02-034 Warschau, www.rksskra.pl | ÖPNV Bus 167, 182, 187, 188, Haltestelle Aleja Wielkopolski | Öffnungszeiten von außen jederzeit zu besichtigen | Tipp Nördlich des Stadions steht das Pilotendenkmal, das zu Ehren zweier berühmter polnischer Flieger aus den 1920er Jahren errichtet wurde.

105 Die verirrte Glocke

Wünsch dir was, und alles wird gut

Kirchenglocken hängen normalerweise in Kirchen, was macht also dieses Exemplar hier hinter der Johanneskathedrale in der Warschauer Altstadt? Diese Frage werden sich bestimmt schon Tausende Touristen gestellt haben, die ahnungslos über den Kanonia-Platz gegangen sind.

Ja, warum steht sie hier, diese große bronzene Glocke, die angeblich Wünsche erfüllt? Na gut, keiner weiß es so genau, aber ein Hinweis findet sich auf dem Objekt selbst. Da steht nämlich, relativ gut lesbar, auf Deutsch: »Mit Gotes Hülf gos mich Daniel Tiem«. Die Glocke wurde also von einem Deutschen gegossen, und zwar im Jahr 1646. Was auch bekannt ist: Sie steht hier seit 1972. Aber keiner weiß so genau, wie sie hierhin gekommen ist … Wer sich die Glocke genauer anschaut, erkennt Risse in der Bronze. Vielleicht weil bei ihrer Anfertigung kein Metall von guter Qualität verwendet wurde?

In der Tat, das scheint der Fall zu sein. Laut einer Legende gab es einmal einen Glockengießer namens Kajetan, der sich in Marynia, die Tochter eines anderen Glockengießers, verliebte. Die beiden wollten heiraten, aber, oje, ein gewisser Hans hatte sich ebenfalls in Marynia verliebt. Dieser Hans war ein böser Mensch, denn er tötete seinen Konkurrenten, indem er Arsen in dessen Wein tat. Auch Marynias Vater wollte er ärgern, indem er heimlich Zinn unter die Bronze mischte, aus der er die Glocke gießen sollte.

Nachdem die Glocke fertig war, wurde sie in eine Warschauer Kirche gehängt. Doch die Zinnbeimischung erwies sich als verhängnisvoll: Bereits beim ersten Mal, als sie zum Einsatz kam, stürzte sie hinab. Nachdem die Glocke kaputt und Kajetan tot war, zog Marynia aus Verzweiflung in ein Kloster, und Hans nahm sich das Leben. Die Glocke wurde nie wieder aufgehängt. Na ja, die Liebe ist manchmal hart. Aber wer will, kann einmal um die Glocke gehen und sich dabei etwas Schönes wünschen. Vielleicht klappt es ja …

Adresse Kanonia 12, 00-278 Warschau | ÖPNV Straßenbahn 4, 13, 20, 23, 26, 28, Haltestelle Stare Miasto | Tipp Etwas südlich von der Glocke befindet sich der ehemalige Königspalast. Auf seiner Südseite liegen die Reste der früheren Sigismund-Säulen.

106 Das verlassene Sowjetgebäude

Wo die sowjetischen Diplomaten wohnten

Sobieskiego 100, so könnte der Titel eines Thrillers lauten. Es ist aber *nur* die Adresse eines wiederum tatsächlich geheimnisvollen Gebäudes im Süden der Hauptstadt. Der riesige, schon seit Ewigkeiten verlassene Bau ist von einem hohen Zaun umgeben und wirkt sehr abweisend. Errichtet wurde er 1978 als exklusiver Wohnkomplex, und zwar ausschließlich für russische Diplomaten und Mitarbeiter der sowjetischen Handelskammer sowie deren Familien. Mit der politischen Wende im Jahr 1989 zogen sämtliche Bewohner aus.

Eine Besichtigung des elfstöckigen Gebäudes ist nicht möglich, denn obwohl schon Jahrzehnte unbewohnt, hat Russland hier wohl noch immer das Sagen. Das Grundstück wird von einer privaten Sicherheitsfirma streng überwacht, mit deren Mitarbeitern man sich lieber nicht anlegen möchte. Schade für die Stadt Warschau, denn sie würde das relativ zentral gelegene Gelände gern einer neuen Nutzung zuführen. Was sich seit der politischen Wende auf dem Gelände so alles abgespielt hat, weiß keiner genau. Laut Gerüchten soll es bis vor einigen Jahren im Kellerbereich einen »Club 100« gegeben haben, dessen Besucher in luxuriösen Limousinen vorgefahren kamen. Zugang bekamen nur Personen, die einen russischen Pass oder einen Sonderausweis vorzeigen konnten. Mafiose Machenschaften? Wer weiß. Und warum will Russland nicht, dass sich hier etwas verändert?

Einige tapfere Hauptstädter haben sich in den vergangenen Jahren nicht von den Sicherheitsmaßnahmen abschrecken lassen und waren mit Kameras im Gebäude. Wer wissen möchte, wie es im Inneren aussieht, kann sich also auf Youtube Videos anschauen, denn auch in Polen gibt es eine aktive *Urbex Community* (*Urban explorers*, Menschen, deren Hobby es ist, in verlassene Gebäude einzudringen). Kleine Warnung: Die Bilder aus dem Kellerbereich sind schon etwas gruselig …

Adresse Ulica Sobieskiego 100, 00-764 Warschau | ÖPNV Bus 116, 130, 166, 172, 195, Haltestelle Kostrzewskiego | Tipp Gleich gegenüber in einer Seitenstraße (Fr. Kostrzewskiego 1) zeigt die Galerie »Pawilon Sztuki ERGO Hestia« zeitgenössische Kunst.

107 Die »verstoßenen Soldaten«

Wahre Helden, oder doch nicht?

Seit einigen Jahren debattiert man in Polen erbittert über die politische Einordnung der sogenannten verstoßenen Soldaten. Nach dem Ende des Zweiten Weltkriegs herrschte in der Volksrepublik nicht sofort idyllischer Frieden. Vielen Freiheitskämpfern war klar, dass nun die Sowjets in Polen das Sagen haben würden. Sie wollten jedoch keinen Kommunismus und setzten deshalb ihren Widerstand fort. So tauchten sie in den Wäldern Ostpolens unter und fingen einen Partisanenkrieg an.

Zu kommunistischen Zeiten wurden diese Widerstandskämpfer totgeschwiegen. Mehrere von ihnen fanden bei Kämpfen den Tod. Andere wurden verhaftet und in Gefängnissen im ganzen Land eingesperrt. Das berüchtigtste war das Rakowieczka-Gefängnis im Warschauer Stadtteil Mokotów. Hier herrschte bis in die 1950er Jahre der sowjetische Geheimdienst. Viele Partisanen wurden hier gefoltert, mindestens 350 von ihnen erschossen.

Weil die heutige PiS-Regierung die Heldenhaftigkeit der antikommunistischen »verstoßenen Soldaten« hervorheben möchte, hat sie 2011 den 1. März zum nationalen Gedenktag ausgerufen. An dem Tag wurde 1951 an sieben Partisanen das Todesurteil vollstreckt. Außerdem wurde das ehemalige Gefängnis in eine Gedenk- und Bildungsstätte umgebaut. An dessen Außenmauern sind seit einigen Jahren riesige Fotos von hier einst inhaftierten »verstoßenen Soldaten« zu sehen.

Was das Thema so komplex macht: Mehrere dieser Männer waren nicht nur antikommunistische Helden, sondern haben sich möglicherweise auch an ethnischen Säuberungen in mehrheitlich weißrussisch bevölkerten Dörfern in Ostpolen beteiligt. Wiederum andere Widerstandskämpfer waren kriminell und haben geraubt. Die »verstoßenen Soldaten« bilden also ein sehr schwieriges Kapitel der polnischen Nachkriegsgeschichte.

Adresse Ulica Rakowieczka 37, 02.521 Warschau, www.muzeumrakowiecka37.pl | **ÖPNV** Metro M1, Haltestelle Pole Mokotowskie | **Öffnungszeiten** Museum: Mo–Fr 9–15 Uhr, Sa–So 10–18 Uhr, Eintritt frei | **Tipp** Etwa 400 Meter weiter östlich, an der Ulica Wiśniowa 63, kann man in einem schönen Antiquariat auch alte Postkarten und Plakate von Warschau erwerben (www.antykwariatwaw.pl).

108 Der Widerstandshügel

Ein Hügel mit trauriger Geschichte

Viele sind an diesem Sonntag zum »Kopiec Powstania Warszawskiego« südöstlich des Zentrums gekommen. Vielleicht, um der Hitze der Stadt zu entfliehen? Um sich beim Besteigen des Hügels ein bisschen Bewegung zu verschaffen? Immerhin sind es fast 400 Stufen bis nach oben. Einmal erklommen, steht man vor einem riesigen, etwa sieben Meter hohen Denkmal, an dessen Fuß fast immer Blumen abgelegt sind. Es sieht aus wie ein Anker in der Form des Buchstabens W, verbunden mit dem Buchstaben P. Das hier ist nicht irgendein Denkmal, es ist das bekannteste, das dem Widerstand während des Zweiten Weltkriegs gewidmet ist. Das »Znak Polski Walczącej«, das »Zeichen des Kämpfenden Polens«, ist ein Symbol des polnischen Untergrundstaates. 1944 starben Hunderttausende Einwohner der Hauptstadt während eines Aufstands gegen die deutschen Besatzer. Keine Stadt in Polen litt so unter dem Krieg wie Warschau.

Nach Kriegsende wurden endlose Mengen Trümmer an diesem Ort gebracht. Aus Tonnen von Stein, Beton und Eisen entstand hier ein künstlicher Berg. Im Laufe der Jahre wuchsen zuerst Gras, dann Sträucher, dann Bäume auf dem Schutt.

Heutzutage ist der Berg ein beliebter Ausflugsort. Junge Paare suchen hier ein wenig Zweisamkeit. Ältere Warschauer bringen Blumen. Zwei Jungs mühen sich mit ihren Mountainbikes den Hügel hoch. Ein Mann erzählt seiner jungen Tochter von dem, was vor mehr als 75 Jahren in Warschau geschehen ist. Das Mädchen ist einen Moment ruhig, schaut sich das Denkmal an und dreht sich dann um, Richtung Stadt. Von hier oben hat man eine phantastische Aussicht über den Süden von Warschau. Zuerst ein Meer von Bäumen, dahinter ein Meer von Häusern.

Nichts bleibt, wie es ist. Die Stadt ändert sich immer wieder, immer weiter. Nun ja, manches aber bleibt doch. Zum Beispiel die Erinnerung an den schrecklichen Zweiten Weltkrieg. Und das ist auch gut so.

Adresse Kopiec Powstania Warszawskiego, im Park Akcji »Burza«, 00-713 Warschau (Eingang an einem Parkplatz an der Ulica Bartycka) | **ÖPNV** Bus 167, Haltestelle Budexpo 01, von dort ein paar Minuten zu Fuß entlang der Ulica Bartycka bis zum Parkplatz | **Öffnungszeiten** jederzeit zugänglich | **Tipp** Etwa 700 Meter nordöstlich befindet sich an der Weichsel (Ulica Rodzynkowa 98) ein weiterer Erinnerungsort. Hier landeten 1944 Truppen der Volksarmee, die versuchten, die Aufständischen zu unterstützen. Ein Spaziergang an der Weichsel ist empfehlenswert.

109 Die Wirtschaftsuniversität

Polens Schmiede für die Wirtschaftselite

Nach der politischen Wende in Polen geriet das Land Anfang der 1990er Jahre in heftige Turbulenzen. Die Inflation stieg ins Unermessliche, Staatsfirmen schlossen reihenweise, und innerhalb kürzester Zeit verloren Millionen Menschen ihre Arbeit. Die Wirtschaftskrise war teilweise bewusst herbeigeführt worden. Der Mann hinter dieser Politik war Leszek Balczerowicz, seinerzeit Finanzminister, der nicht nur in den Vereinigten Staaten, sondern auch an der Wirtschaftsuniversität von Warschau, der Szkoła Główna Handlowa, studiert hatte.

Obwohl die von ihm initiierte ökonomische Schocktherapie sehr hart war, führte sie letztendlich größtenteils zum Erfolg, denn schon nach einigen Jahren begann die Wirtschaft wieder zu wachsen, und dieses Wachstum hält nach wie vor an. Während der Finanzkrise 2008 war Polen das einzige europäische Land, das nicht in eine Rezession geriet. Bis zum heutigen Tag hat Polen die höchsten Wachstumsraten in der Europäischen Union.

Heutzutage ist die Szkoła Główna Handlowa mit ihren 11.000 Studierenden die führende Wirtschaftsuniversität des Landes. Neben dem ehemaligen Minister Balcerowicz erhielten auch andere polnische Wirtschaftsgrößen, wie die ehemalige EU-Kommissarin Elzbieta Bieńkowska, hier ihre Ausbildung. Die »Financial Times« zählte die Wirtschaftshochschule zu den 30 besten innerhalb der Europäischen Union. Ein Grund, weshalb es hier auch viele ausländische Studenten gibt.

Jeder, der will, kann sich die 1906 erbaute Bildungsstätte ansehen. Die zur Universität gehörende Bibliothek ist mit mehr als einer Million Büchern die größte des Landes. Spektakulär ist aber vor allem die helle, gläserne Dachkonstruktion der zentralen Empfangshalle. Sie sieht aus wie eine Pyramide und scheint die polnische Wirtschaftsphilosophie der vergangenen 30 Jahre zu symbolisieren: Sie will immer höher hinaus.

Adresse Aleja Niepodległości162, 02-554 Warschau, www.sgh.waw.pl | ÖPNV Metro M1, Haltestelle Pole Mokotowskie | Öffnungszeiten zu den üblichen Unterrichtszeiten geöffnet | Tipp In der Nähe der Wirtschaftsuniversität befindet sich das Geologiemuseum, in dem unter anderem faszinierende Gesteine (Bernstein!) und Mineralien ausgestellt sind (Rakowiecka 4).

110_Der Wohndackel

Das längste Wohngebäude Warschaus

Im Mai 1945 lag am Westufer der Weichsel kaum noch ein Stein auf dem anderem. Am östlichen Ufer, im Stadtteil Praga, sah es etwas besser aus. Viele der Mietskasernen hatten den Krieg mehr oder weniger unbeschadet überstanden. Trotzdem herrschte auch hier ein riesiger Bedarf an neuem Wohnraum. In den 1950er und 1960er Jahren erlebte die Wirtschaft ein rasantes Wachstum. Und da der Staat die Industrialisierung in großem Maßstab vorantrieb, zogen viele Polen vom Land in die Hauptstadt.

Um die Tausenden von Arbeiterfamilien unterbringen zu können, wurde schnell und viel gebaut. Auch im Stadtteil Praga wurde geklotzt. Hier entstand ab 1969 sogar das längste Wohngebäude der Stadt, das im Volksmund Dachshund genannt wird, weil es wie ein langer Dackel aussieht. Ganze 508 Meter Länge misst das fünfstöckige Gebäude an der Ulica Kijowska. Es wirkt wie ein riesiger Riegel, der die Altbauten in Praga von der stark befahrenen Kijowska-Straße abgrenzt. Gleich gegenüber liegt der Ostbahnhof, Warszawa Wschodnia, der mit seiner Betonfassade ebenfalls Siebziger-Jahre-Flair besitzt.

Der Dachshund bietet Wohnraum für etwa 1.200 Menschen, die in insgesamt 430 Wohnungen leben. Als 1972 die ersten Bewohner in die »Arbeiterschließfächer« einzogen, war das Gebäude eines der modernsten der Stadt. Es hatte eine Zentralheizung, die Elektrizität funktionierte gut. Die modernen Fenster konnten nach innen und außen geöffnet werden. Im Erdgeschoss, auf kürzestem Weg erreichbar, waren Läden, Friseursalons, Banken, Restaurants und Kioske untergebracht. Im Keller gab es Trockenräume für die Wäsche, und auch an Tiefgaragen fehlte es nicht. Heutzutage wohnen im Dachshund neben Polen auch viele Vietnamesen, Georgier, Syrer, Tschetschenen, Inder und Tschechen, und die meisten fühlen sich wohl hier. Wohnen in der »Platte« hat eben auch seine Vorteile!

Adresse Ulica Kijowska 11, 03-743 Warschau | **ÖPNV** Straßenbahn 15, Haltestelle Dw. Wschodni (Kijowska) | **Öffnungszeiten** von außen jederzeit zu besichtigen | **Tipp** Im Museum Warszawa Praga (Ulica Targowa 50/52) etwa 500 Meter westlich erfährt man viel Interessantes über die Geschichte dieses Stadtviertels.

111 Die zweifache Nobelpreisgewinnerin

Die Frau, die Radioaktivität bekannt machte

Stolz steht sie da und schaut mit dezidiertem Blick Richtung Weichsel. Sie liebte diesen Fluss, der quer durch Warschau fließt. Sie, das ist Maria Skłodowska-Curie, so wie auf dem Sockel des Denkmals zu lesen ist, hier, nördlich der Warschauer Altstadt. Die brillante polnische Wissenschaftlerin trägt ein schönes, langes goldenes Kleid. Ihre Haare trägt sie wie üblich zu einem Knoten gesteckt, und in einer Hand hält sie ein Modell des chemischen Elements Polonium, das von ihr entdeckt wurde.

Maria Skłodowska wurde 1867 in Warschau als jüngste von fünf Töchtern einer polnischen Adelsfamilie geboren. Schon bald offenbarte sich, dass Maria ein extrem intelligentes Mädchen war. Mit 24 Jahren zog sie nach Paris, weil damals im von Russland beherrschten Warschau Frauen nicht zum Studium zugelassen waren. Skłodowska war eine der wenigen Frauen, die an der berühmten Sorbonne studierten. 1891 nahm sie hier ihr Physikstudium auf. Vier Jahre später heiratete sie den französischen Wissenschaftler Pierre Curie. Die beiden bekamen zwei Töchter.

Zusammen mit ihrem Mann entdeckte sie 1898 die Elemente Polonium und Radium, was dazu führte, dass sie 1903 als erste Frau überhaupt den Nobelpreis erhielt. Ihr Mann starb 1906 bei einem Verkehrsunfall. Deshalb erlebte er nicht mehr die Auszeichnung seiner Frau im Jahr 1911 mit einem zweiten Nobelpreis, diesmal nicht für Physik, sondern für Chemie. Skłodowska-Curie unterrichtete mittlerweile auch als erste Professorin an der Sorbonne. 1934 starb sie in Frankreich an den Folgen von radioaktiver Strahlung. So erlebte sie nicht mehr, dass ein Jahr später ihre Tochter Irena ebenfalls einen Nobelpreis für Chemie bekam.

In Warschau wird die geniale Wissenschaftlerin an vielen Orten geehrt. Sie hat es sich verdient.

Adresse Ulica Koscielna, 00-218 Warschau | ÖPNV Bus 118, 185, Haltestelle Sanguszki | Tipp Wer sich vom Denkmal aus in Richtung Weichsel wendet, sieht vor dem Ufer einen hübschen Teich. Hier gibt es abends um 21 Uhr eine kostenlose Wasserfontänen-Show zu bestaunen (Skwer 1 Dywizji Pancernej).

BIELANY
ZOLIBORZ
PRAGA-PÓŁNOC
Weichsel
Wybrzeże Gdyńskie
Adama Mickiewicza
Aleja Armii Krajowej
Powązkowska
Powstańców Śląskich
WARSCHAU
Wybrzeże Gdańskie
Okopowa
Górczewska
BEMOWO
WOLA
Wolska
Aleja Prymasa Tysiąclecia
Prosta
SRODMIESCIE
Kopińska
Wawelska
Aleja Armii Lodowej
OCHOTA
Grójecka
Żwirki i Wigury
Wołoska
Aleja Niepodległości
Puławska
Aleje Jerozolimskie
Łopuszańska
Aleja Krakowska
Franciszka Hynka
Marynarska
WŁOCHY
1
3
19
96
6
24
10
88
26
36
47
77
101
73
58
104
42
94
9
29
109
107
54
92
95
84
17
72
85
N
0
500 m

TARGÓWEK
2
Żołnierska
4
Zabraniecka
Strażacka
Marsa
68
15
Grochowska
Aleja Jerzego Waszyngtona
Grochowska
PRAGA-POŁUDNIE
Ostrobramska
Marsa
Płowiecka
Sojec
Most Łazienkowski
Aleja Generała Bolesława Wieniawy-Długoszowskiego
Wał Miedzeszyński
WAWER
Weichsel
Most Siekierkowski
108
Czerniakowska
Belwederska
Aleja Józefa Becka
106
MOKOTÓW
Aleja generała Władysław Sikorskiego
Jana III Sobieskiego
Powsińska
Weichsel
48
Wiertnicza
Aleja Wilanowska
83
60
98
100

3
Most Gdański
Weichsel
Wybrzeże Gdańskie
Aleja Jana Pawła II
Zygmunta Słomińskiego
Generała Władysława Andersa
Freta
Miodowa
Aleja "Solidarności"
Krakowskie Przedmieście
Mordechaja Anielewicza
Okopowa
Aleja Jana Pawła II
Leszno
Królewska
Marszałkowska
Świętokrzyska
Żelazna
Towarowa
Prosta
Aleje Jerozolimskie
Tytusa Chałubińskiego
Koszykowa
Grójecka
N
0
200 m

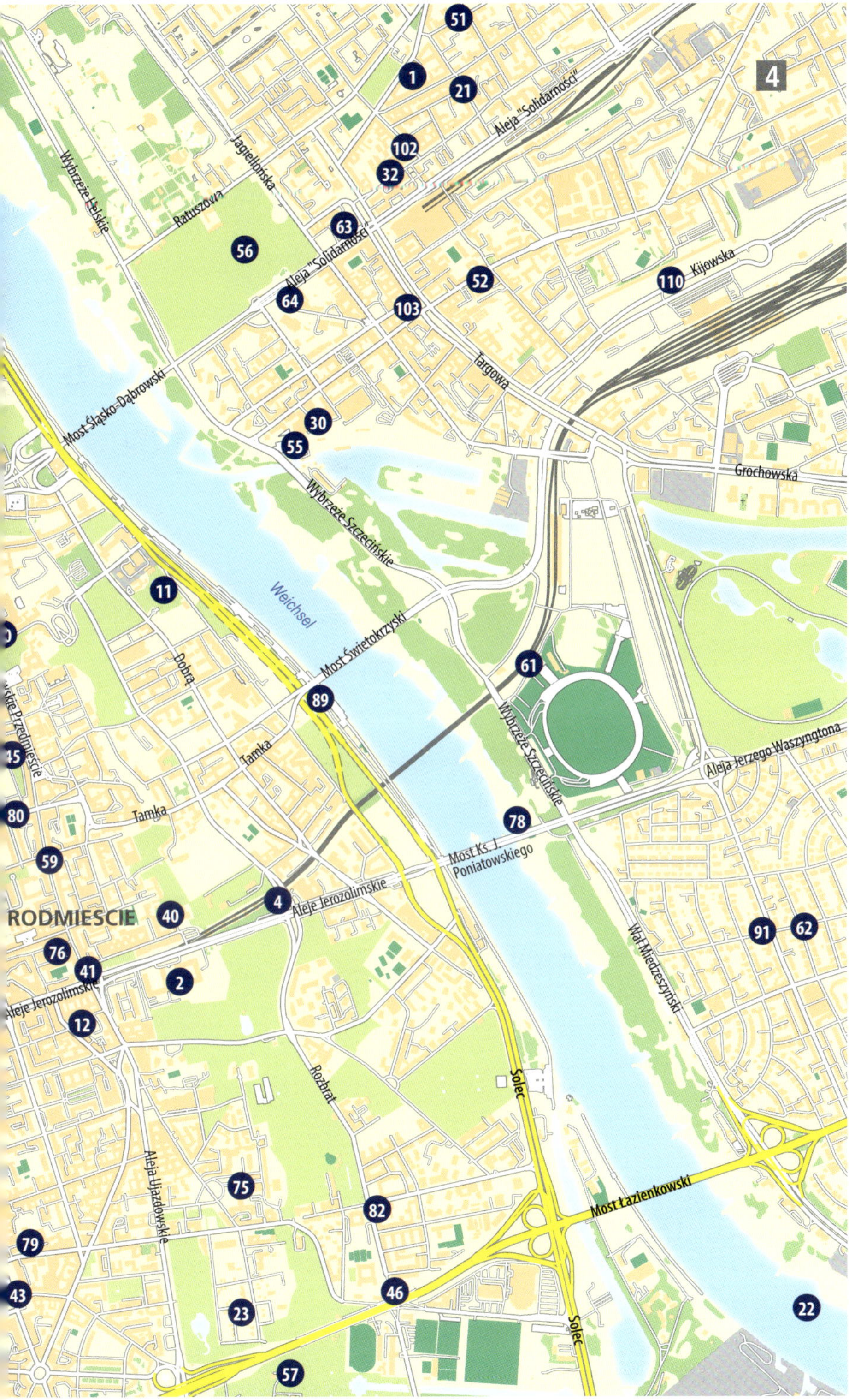
4
Aleja "Solidarności"
Jagiellońska
Wybrzeże Helskie
Ratuszowa
Kijowska
Targowa
Most Śląsko-Dąbrowski
Grochowska
Wybrzeże Szczecińskie
Weichsel
Most Świętokrzyski
Dobra
Tamka
Aleja Jerzego Waszyngtona
Most Ks. J. Poniatowskiego
Aleje Jerozolimskie
RODMIESCIE
Wał Miedzeszyński
Rozbrat
Solec
Aleja Ujazdowskie
Most Łazienkowski
51
1
21
102
32
63
56
64
52
110
103
30
55
11
61
89
45
80
78
59
4
40
91
62
76
41
2
12
75
82
79
43
46
23
22
57

Lena Schraml
111 Orte in Krakau, die man gesehen haben muss
ISBN 978-3-7408-1087-0

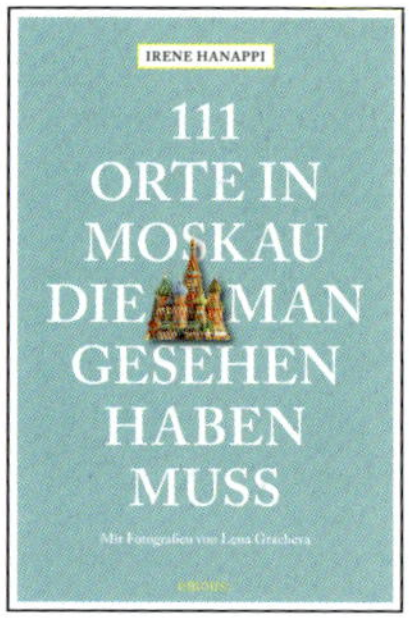

Irene Hanappi
111 Orte in Moskau, die man gesehen haben muss
ISBN 978-3-7408-0993-5

Julia Csabai
111 Orte in Sofia, die man gesehen haben muss
ISBN 978-3-7408-0862-4

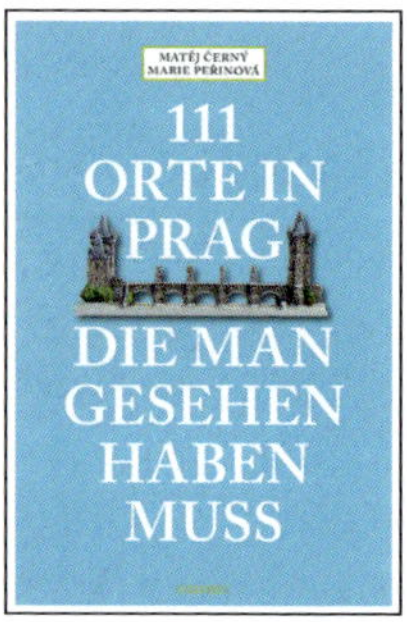

Matěj Černý, Marie Peřinová
111 Orte in Prag, die man gesehen haben muss
ISBN 978-3-95451-927-9

Dorothee Fleischmann, Carolina Kalvelage
111 Orte in Budapest, die man gesehen haben muss
ISBN 978-3-7408-0877-8

Veronika Wengert
111 Orte in Slowenien, die man gesehen haben muss
ISBN 978-3-7408-1083-2

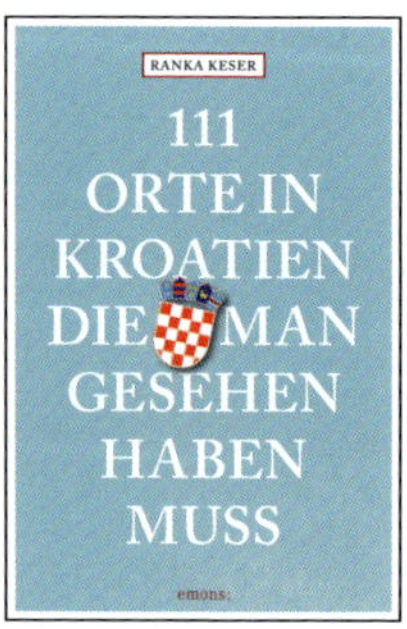

Ranka Keser
111 Orte in Kroatien, die man gesehen haben muss
ISBN 978-3-7408-0557-9

Gabriele Haefs
111 Orte in Oslo, die man gesehen haben muss
ISBN 978-3-7408-1088-7

Tarja Prüss
111 Orte in Helsinki, die man gesehen haben muss
ISBN 978-3-7408-0342-1

Jan Gralle, Vibe Skytte
111 Orte in Kopenhagen, die man gesehen haben muss
ISBN 978-3-7408-0243-1

Christiane Bröcker,
Babette Schröder
111 Orte in Stockholm, die man gesehen haben muss
ISBN 978-3-95451-203-4

Kai Oidtmann
111 Orte in Island, die man gesehen haben muss
ISBN 978-3-95451-829-6

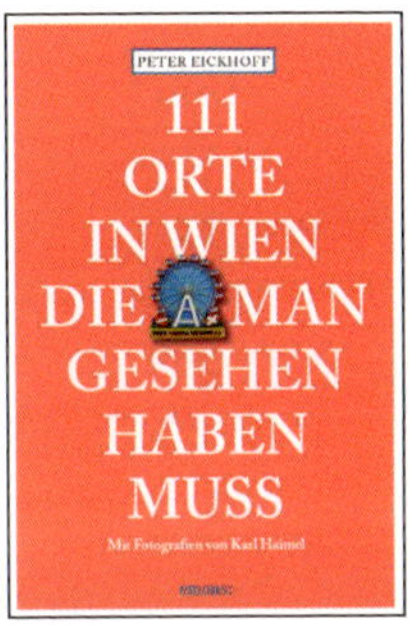

Peter Eickhoff
111 Orte in Wien, die man gesehen haben muss
ISBN 978-3-7408-1521-9

Rolando Grumt Suárez
111 Orte in Barcelona, die man gesehen haben muss
ISBN 978-3-7408-0994-2

John Sykes
111 Orte in London, die man gesehen haben muss
ISBN 978-3-7408-0970-6

Lucia Jay von Seldeneck
111 Orte in Berlin, die man gesehen haben muss
ISBN 978-3-7408-1097-9

Giulia Castelli Gattinara
111 Orte in Mailand, die man gesehen haben muss
ISBN 978-3-7408-0739-9

Alexia Amvrazi,
Diana Farr Louis, Diane Shugart
111 Orte in Athen, die man gesehen haben muss
ISBN 978-3-7408-0560-9

Sybil Canac,
Renée Grimaud, Katia Thomas
111 Orte in Paris, die man gesehen haben muss
ISBN 978-3-95451-847-0

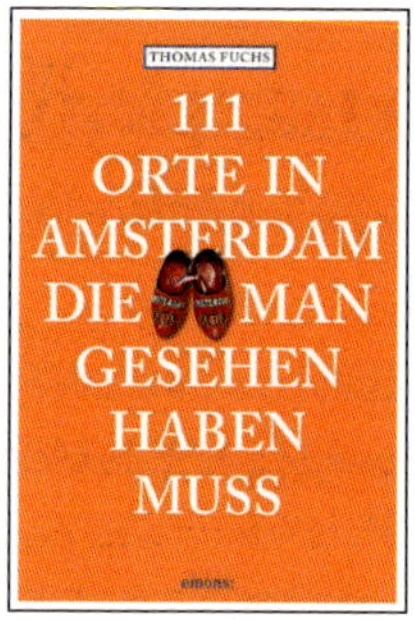

Thomas Fuchs
111 Orte in Amsterdam, die man gesehen haben muss
ISBN 978-3-95451-209-6

Kay Walter, Rüdiger Liedtke
111 Orte in Brüssel, die man gesehen haben muss
ISBN 978-3-7408-0128-1

Annett Klingner
111 Orte in Rom, die man gesehen haben muss
ISBN 978-3-95451-219-5

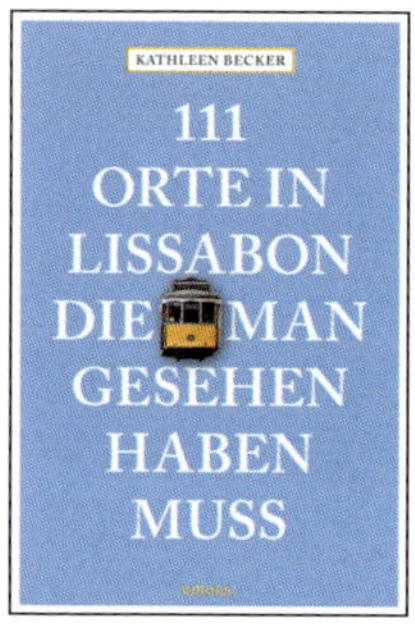

Kathleen Becker
111 Orte in Lissabon, die man gesehen haben muss
ISBN 978-3-7408-0244-8

Joscha Remus
111 Orte in Luxemburg, die man gesehen haben muss
ISBN 978-3-7408-0363-6

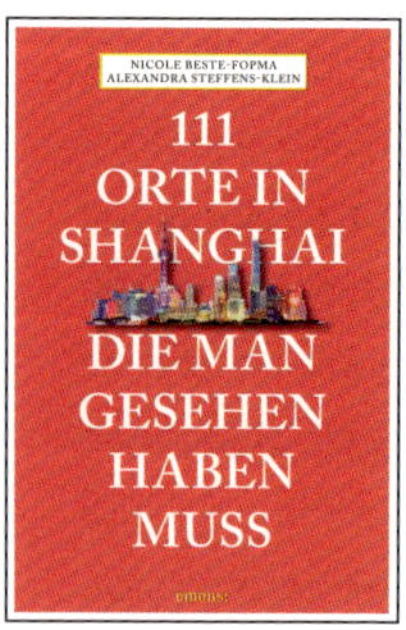

Nicole Beste-Fopma,
Alexandra Steffens-Klein
111 Orte in Shanghai, die man gesehen haben muss
ISBN 978-3-7408-1299-7

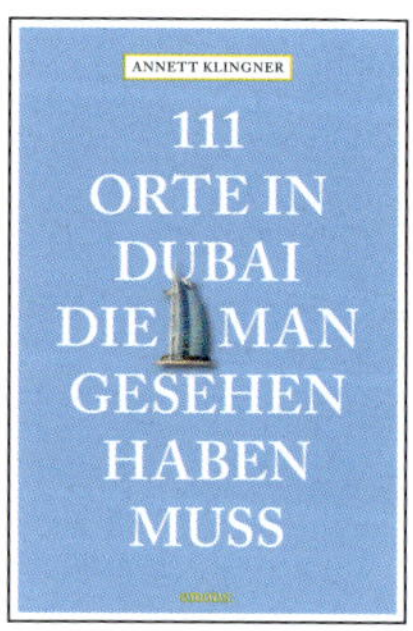

Annett Klingner
111 Orte in Dubai, die man gesehen haben muss
ISBN 978-3-7408-0647-7

Andrea Livnat
111 Orte in Tel Aviv, die man gesehen haben muss
ISBN 978-3-7408-0725-2

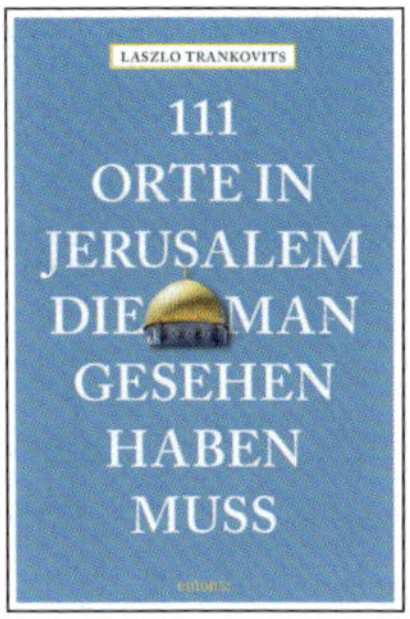

Laszlo Trankovits
111 Orte in Jerusalem, die man gesehen haben muss
ISBN 978-3-7408-0390-2

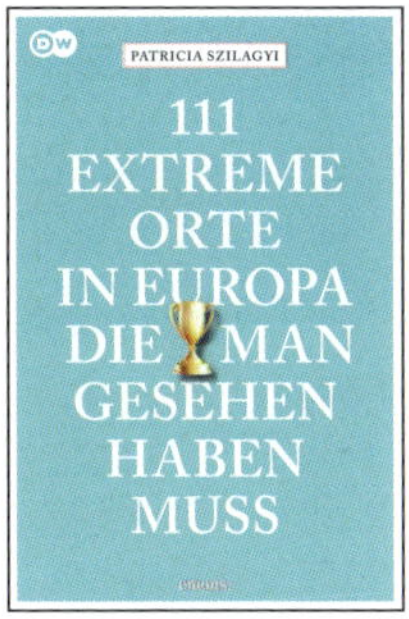

Patricia Szilagyi
111 extreme Orte in Europa, die man gesehen haben muss
ISBN 978-3-7408-0863-1

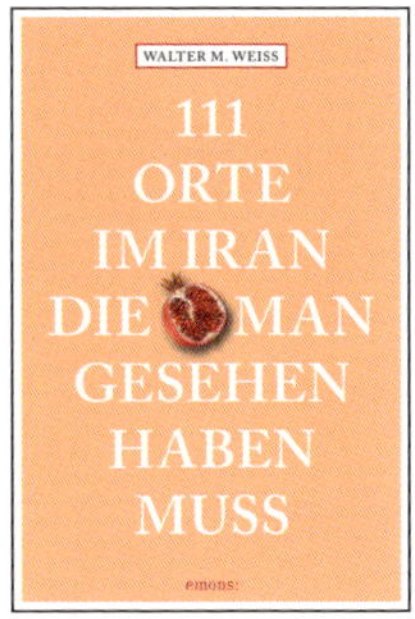

Walter Weiss
111 Orte im Iran, die man gesehen haben muss
ISBN 978-3-7408-0402-2

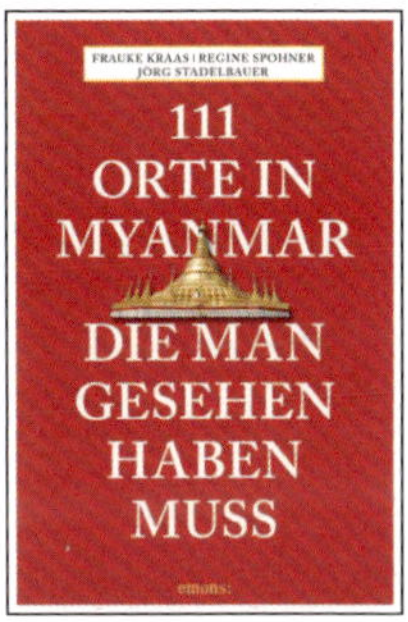

Frauke Kraas, Regine Spohner, Jörg Stadelbauer
111 Orte in Myanmar, die man gesehen haben muss
ISBN 978-3-7408-0149-6

Antje Allroggen
111 Orte auf Mauritius, die man gesehen haben muss
ISBN 978-3-7408-0119-9

Christoph Hein, Sabine Hein
111 Orte in Singapur, die man gesehen haben muss
ISBN 978-3-7408-0337-7

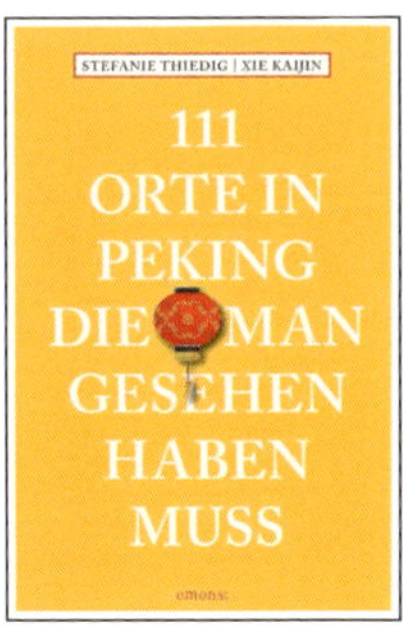

Stefanie Thiedig, Xie Kaijin
111 Orte in Peking, die man gesehen haben muss
ISBN 978-3-7408-0250-9

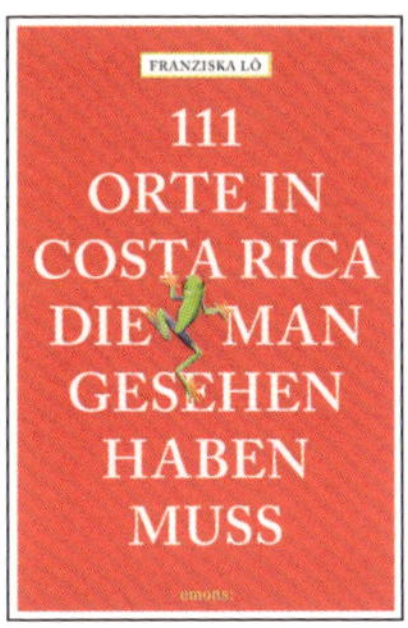

Franziska Lô
111 Orte in Costa Rica, die man gesehen haben muss
ISBN 978-3-7408-0245-5

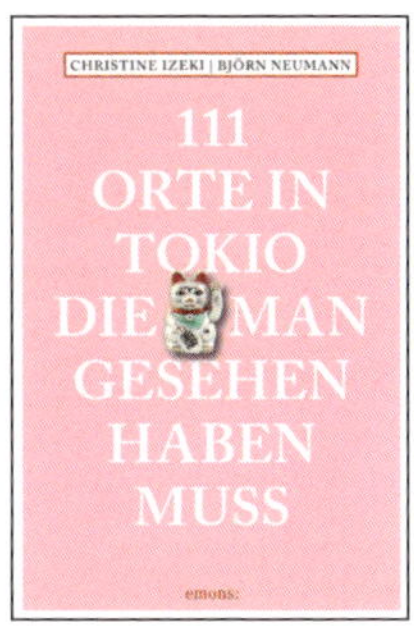

Christine Izeki, Björn Neumann
111 Orte in Tokio, die man gesehen haben muss
ISBN 978-3-7408-0117-5

Jeroen Kuiper studierte Geografie und Journalismus in Utrecht und Lodz. Er schrieb mehrere Bücher über Deutschland und Polen und ist oft als Stadtführer in Berlin unterwegs. Als Reiseleiter zeigt er Interessenten Polen, das Baltikum, den Kaukasus, Russland und Usbekistan. Kuiper wohnt mit seiner Familie am Ostberliner Stadtrand.